AQUARIUS

AQUARIUS

AQUARIUS

AQUARIUS

Vision

一些人物，
一些視野，
一些觀點，
與一個全新的遠景！

他們都說妳「應該」

好女孩與好女人的疼痛養成

周慕姿

《情緒勒索》作者暨諮商心理師

【自序】

他們都說妳「應該」，但我只想要「尊重與愛」

從《情緒勒索——那些在伴侶、親子、職場間，最讓人窒息的相處》，到《關係黑洞——面對侵蝕關係的不安全感，我該如何救贖自己》，我的工作、人際關係、健康與自我都出現很大的挑戰與變動。

一方面，很不會拒絕別人的我，在二〇一七年的工作量暴增，導致身體出了狀況。二〇一八年初的健康檢查，被檢查出罹患甲狀腺亢進。另一方面，我的第一本書《情緒勒索——那些在伴侶、親子、職場間，最讓人窒息的相處》過度受矚目，使我莫名多了些名氣，當然也遭受許多攻擊。除了可能有一些不一定看過書，卻對「情緒勒索」這個名詞感覺到被冒犯、被打臉的人，帶著許多憤怒寫信或留言給我外，也有一些本來認識我，或不認識我的同行或其他人，因著一些刻板印象，或是自己的需要，對外傳播一些跟我有關，但與事實不符的流言攻擊我。

原本我就是一個很容易陷入自責與自我懷疑的人，在這樣各方的壓力下，我感覺自己的心理與健康狀況並不好，因此二〇一八年，我硬生生地停了下來，減少了一半以上的工作量，盡量專心在自己的實務工作以及專業的訓練上。

在這一年裡，我也發現，那些在自己內心「感覺自己不夠好，配不上這一切」的聲音，與他人「你憑什麼可以得到這些成就」的攻擊，這兩個聲音疊在一起，不停在我耳邊播放，讓我開始懷疑自己能做些什麼，能寫些什麼：

「你寫這些東西有用嗎？」

「有更多比你有才華、更資深的心理師或精神科醫師，你能寫的，他們也都能寫，說不定他們寫的還比你有用、有幫助、有更深的理論基礎。你憑什麼？」

「你只不過是憑一本書紅的傢伙，運氣很好，搭上風潮而已……」

這些巨大的自我懷疑，籠罩著我，讓我覺得自己很糟糕、很羞愧；而我被自己的成就壓得動彈不得，覺得自己配不上這些成就……

然後，我就什麼都寫不出來。

原本我就是個有強烈「冒牌者現象」的人，這段時間面對的壓力與變動，許多不安、害怕、恐懼與攻擊，餵養了我內心的自我懷疑，讓它變得更大。

成就，沒有成為我的祝福，卻成為某方面的束縛。

幸好，在面對自我懷疑與不安全感，我也算是老手了；而且，除了家人、朋友外，最支持我的，仍是同行。很感謝我的老師、前輩、朋友、心曦工作夥伴等對我無條件的信任與支持。同時間，我繼續減少我的工作量，特別是對外曝光的部分；相對地，我將時間盡量放在我所喜歡的工作內容，也就是實務工作上。

我也開始去參加一些專業訓練團體，開始多花一點時間，從事自己喜歡的閱讀，讓自己被掏空的身心，得到一些平靜與滋養。

當然，去樂團練習，吼吼叫叫、與團員講些垃圾話是一定要的。

當身心與自我慢慢穩定下來之後，在持續的實務工作中，我也觀察到一件事：許多女性一開始來談的，或許是自我的情緒、親子關係或是伴侶關係，但深談之下，卻發現文化、約定俗成的傳統對女性的束縛與歧視無所不在。

另外，我也發現，許多女性有相同的困擾，甚至有類似的個性：很容易察覺別人的感受、很會自省自責；很需要讓別人覺得自己有用，卻又不相信自己「夠好」。

大家被「妳應該」束縛著：「女生應該要怎樣」，或是「妻子、媽媽應該要怎樣」。有時候在家庭、職場上，因為身為女性的身分而遭受一些不公平的對待，而當大家想要掙脫這些「應該」時，卻又不敢。因為無法不在乎別人的眼光與看法，無法掙脫那些從小到大被訓練的、內心的自我規訓，逃離不了那些「自我懷疑」。

而這些經驗，我也遭遇過；或者可以說，正在遭遇。

這些經歷與觀察，讓我忍不住想：這些性格特質，究竟是「女性本身的特質」，還是被社會、文化從小訓練出來的呢？

在遇到太多這樣的例子後，於是，有了這本書。

《他們都說妳「應該」——好女孩與好女人的疼痛養成》所討論的，並不僅是「女性是辛苦的」，或是「男性是既得利益者」；實際上，在這樣的「文化纏足」、文化的心理控制下，我們是怎麼把這樣扭曲的「應該」，一代又一代地傳下去，成為「集體文化創傷」。有時候，當受傷的人熬過一段時間，成為「有權力要求別人」的身分時，又因為自己的傷痛太深，而必須繼續維護這個「文化創傷傳統」。

因為，「否則，我過往受的傷，到底算什麼？」

在這樣的「應該」下，受苦的不只是女性，也是男性。當女性總得是某個樣子，而男性當然也得是某個樣子時，兩邊都帶著創傷，需要著彼此，有時，卻也仇視彼此。男性化為壓迫者、強者，而女性成為滿足男性自尊的對象、弱者。兩邊都不滿這樣的刻板印象，都覺得憤怒，但面對社會的壓力，卻又不得不下意識地維護這樣的文化習

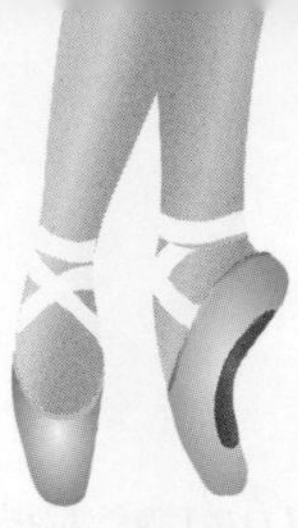

慣。於是男兒有淚不輕彈，成就大於一切；於是女性能力太強就變成「女強人」，回歸家庭才是女性應該待的地方。

於是，在社會、文化裡，那張巨大監視的網中，無法逃脫的「應該」，讓我們只得戴著面具、帶著偶像包袱不停前進，忘記自己原本的樣子，也忘記自己想要什麼。

於是，我們發現，即使外在成就、物質得到的再多，內心都是空的。再多人際關係，用假的自己去面對、去建立，也讓自己覺得，這些關係都是假的。

我們不相信別人愛真正的自己。即使留住了一段又一段的關係，我們也知道：自己或許是用「應該」或「責任」讓對方留在自己身邊，而非對方真的願意為了自己待在這裡。

當關係中充滿了「應該」與「責任」，「害怕與勉強」無所不在，而關係中最重要的「愛」，卻沒有空間可以存在——

那是哀傷的。

和我的第一本書相同，我仍期望，這本書能夠喚起一點改變。讓我們覺察到那些習以為常、理所當然的「應該」並不真的「應該」；讓我們重新思考，這些「應該」對我們真正帶來的意義是什麼，也讓我們能更正視。

自己真正的感受，還有想要的自己。

若從你、我開始，有那麼一點改變，不再把「應該」當成理所當然，而能讓自己更尊重自己，用不妨害他人的「我想要」去選擇、去表達。

學會尊重自己，我們也才能學會尊重別人，才能學會不再用那些「應該」、「刻板印象」去箝制其他人的自由意志；不再弱弱相殘，不再帶著自己想要隱藏的創傷，要求別人做著跟你過往一樣、會受傷的事。

我們也才不會帶著被別人歧視、壓迫、不平等待遇的傷口，然後轉頭歧視、壓迫其他比自己弱勢的人，再藉著這些歧視的語言、貶低別人的文字中，來感受到自己心理上稍微平衡、稍微高人一等，而扭曲地學會用這種方式得到安慰。

我們的同理心與愛人的能力，在擺脫「應該」的自我監督與監督別人之後，才有空間可以存在，才可以好好被保有、被珍惜。

這也是我們身為人，最珍貴的寶物。

若這是一個代代相傳、約定俗成的「文化習慣」，那麼，若從我們開始，有一些覺察，讓我們能夠勇敢地做出不同的選擇，讓自己、他人都能被支持，坦然地擺脫束縛，不再服膺這個「應該」、這個「理所當然」的「共犯結構」……或許，累積這樣一點一點的力量，文化習慣就能有所變動——

社會，也許就能有所改變；「多元包容」，也不再是夢想的空話。

若你翻開這本書，你願意和我一起攜手，為我們的現在，甚至我們的下一代，營造出一個更能尊重、接納真實自我、更多愛的世界嗎？

我衷心地期盼著。

你等著你的苦盡甘來，或者，你乞求著那個幸福快樂的未來，
但是這些，似乎都如夢般遙不可及。

唯有你相信，只有你能掌握你的命運；
只有你，可以成為給自己幸福快樂的那個人；
你的幸福，於是到來。

【前言】

是什麼「束縛」了女人的心？

回到家，語昕匆忙放下手上的東西，準備開始做飯，等等先生就要回來了。「幹嘛不買外食呢？」一想到吃完還要洗碗，語昕嘆口氣，但同時內心又出現另一個聲音：

「結婚了，做飯給丈夫吃是應該的。這是妻子應該盡到的責任。」

於是結婚這半年來，語昕幾乎不買現成的晚餐。不過，今天回家較晚，開始做飯沒多久，丈夫就到家了。一開門，見到地上散落著幾個袋子，那是語昕剛買回來的家用品，他忍不住皺眉，「家裡怎麼那麼亂？你比較早回來，怎麼也不先整理一下？」

聽到這句話，從下班就一直忙得團團轉的語昕，壓抑著的委屈、疲倦、辛苦等情緒忍不住爆發了！「你以為我很閒嗎？你回家就只要休息，翹著二郎腿看電視、玩手機、等吃飯，我呢？加班晚回家卻還要買一大堆東西，還要提著大包小包搭捷運，趕回來做飯，結果一回來你就責備我。一樣都要上班，憑什麼這些事情都要我做？」

丈夫聽完，憤怒地大吼：「我又沒有要你一定要煮飯、買東西。你自己愛做，結果把錯都怪在我身上是怎樣？你工作做得不爽就辭職，家事就不要做啊！我忙了一整天，好不容易回家，想休息一下，結果還要被當出氣筒，真倒霉。」說完，丈夫轉身去洗澡，留下語昕一個人在廚房，越來越難過，眼淚忍不住撲簌簌地直掉……

那些無法擺脫的「偶像包袱」：是什麼「束縛」了女人的心？

上面的這個例子，你是否感到熟悉？

或許有些人會覺得：「這個丈夫真的太不體貼了，憑什麼大家都要工作，但是家事都要妻子做？」也或許有些人會覺得：「是這個老婆有點問題吧？幹嘛自己搞得好像很辛苦、苦命的樣子，這麼做，又不會有人感謝她，反而因為這樣把脾氣發在別人身上，這不是本末倒置嗎？」

可能有些人，會因而提醒故事中的主角語昕：「所以你要學會為自己著想，要學會拒絕，學會講『我沒辦法』，好好善待自己……」

只是，在實務工作與平日的生活觀察中，我發現有許多人並不是不知道這些道理：「要善待自己、不勉強，要把自己放在第一位……」但困難在於：「**我腦袋都知道，但就是做不到。**」

如果我真的這麼做，我擔心會有不好的事情發生。

如果我真的這麼做，我會有罪惡感。

如果我真的這麼做，我內心會有責罵自己的聲音……

從事諮商工作以來，我發現有許多女性有這樣的困擾，或可稱為「習慣性的罪惡感」，白話一點，可說是「偶像包袱」、「角色期待」。許多女性被這樣的角色期待給緊緊束縛，不知道這個期待從何而來，如何擺脫。

這些「期待」、「包袱」，成為自己時常「腦袋知道，心裡卻做不到」的枷鎖。

慢慢我發現，這些期待，是我們從小到大被父母、社會、媒體灌輸的觀念，是「心理控制」的一環，我把它稱之為：「文化纏足」。

為什麼我們願意接受這些不公平？——文化纏足：洗腦般的「心理控制」

什麼是「心理控制」（psychological control）？心理控制一詞，原本多用來討論父母對孩子的教養行為，被認為可能影響孩子的「自主發展」。許多孩子可能在父母的心理控制下，內化了父母的「提醒」與「責備」，於是限縮了自己的生涯發展，甚至傷害了自我感受、自我價值與對自己的看法等。但就我的觀察，這些心理控制，並非僅來自於父母，而是來自於整個社會、文化的壓力；甚至，父母也被這些主流社會文化價值給「綁架」、「洗腦」，無力也不敢掙脫。

當我們下意識地接受了這些價值觀，即使這些價值觀對我們並不公平，甚至會傷害我們，但我們害怕這巨大的力量，因為「大家都這麼做」，都服膺著這個框架而生活，是一種約定俗成，要突破這個壓力、框架，並不是這麼簡單的事情。

這些社會文化的框架，常常在不自覺中影響、綑綁我們。但如果我們沒有發現，而傾向把問題個人化，不論是怪在自己或是他人身上，都會讓每個人覺得「是我自己不夠努力」，而更加傷害自我價值或彼此關係，也可能因而讓人有更深的無力感，更無力改善。因此，這本書我想要與大家討論的，是這些「文化纏足」現象：

我們受到哪些社會、文化價值觀的影響，使得我們無法掙脫，影響我們的情緒、行為與決定？

為什麼身邊會有很多人，願意服膺這些「文化纏足」現象，並且一代傳一代地「互相監督」？

輯一 期待苦盡甘來的女人們——「文化纏足」現象

目錄

輯二　傳承的裹腳布教育：一個「好」女孩的養成

輯三　愛情的裹腳布：缺乏安全感的女孩們

輯四　婚姻的裹腳布

輯五 媽媽角色的裹腳布

輯六 男人扮演的角色

輯七 女性的自我覺醒：如何改變？

目錄

找回自己

輯一

期待苦盡甘來的女人們——「文化纏足」現象

苦命的女人

阿琴坐在椅子上，絮絮叨叨地，訴說著她一直以來的委屈。

「你知道我丈夫有多過分嗎？兩個小孩幾乎都是我在帶，每天都說工作忙，從早到晚不見人影，假日跟小孩玩一下，拿點錢回家，就好像有盡到父親的責任了。他有工作，我也有工作啊！我每天就得急急忙忙下班接小孩，回家煮飯給小孩跟婆婆吃。他一回家，蹺著二郎腿，一點家事都不幫忙，還說他們家男人是不做家事的。婆婆一天到晚都在挑剔我哪裡做得不好，如果我跟丈夫抱怨，丈夫就索性很晚回家，然後婆婆還會冷言冷語說，就是因為我不夠賢慧，先生才都不回家……丈夫不管小孩，只好我管，但婆婆只會寵著他們，我管的時候又阻止我。前幾天，小孩又不寫作業一直玩，我真的受不了，罵了他們一頓，結果小孩居然跟我說，覺得我好兇，阿嬤都不會這樣……聽到我就崩潰了。為什麼我為了這個家，犧牲付出一切，沒有任何人感激，換來的反而是抱怨、嫌棄……為什麼我這麼苦命……」

阿琴的故事，可能你、我都覺得熟悉，這在台灣社會中，是一種常見的現象：「苦命的女人」。

「苦命的女人」在你、我之間

在台灣的鄉土電視劇中，時常看到一種女主角：她可能是女兒、媳婦、妻子、媽媽……吃盡苦頭、受盡委屈，為身邊的人奉獻一切，卻仍然被抹黑、被欺負，但她沒有生氣，也沒有放棄，仍努力地過生活，照顧其他人。

看劇的人每個人都覺得她笨，對壞人恨得牙癢癢的……過了三百集，到最後

一集，壞人「終於得到報應」，苦命女人的這個「好人」，終於有機會可以過著幸福、快樂的日子。

但是，「苦命的女人一直忍耐各種委屈，最後苦盡甘來」，這樣的結局，在現實生活中，是否真的會實現呢？

實際上，我們身邊所出現的苦命的女人，可能不如電視劇、電影所演，有機會可以獲得平反、委屈被看見的好結局；現實上，我們會看到的苦命女人，很多時候，她們的委屈是不被知道、看到的，於是她們絮絮叨叨，等到有人能聽、她們能說的時候，把她們的委屈一點一滴地說出來。

只是不知為何，**那些委屈，變成了抱怨**。

當她們不如戲劇所演，能得到一個「最終幸福、快樂的結局」，當她們忍耐的委屈無人看見，她們自認被不公平對待，卻無法平反，結局也一直都不是她們想要的……這些戲劇中「苦命的女人」，在現實生活中，成為委屈的、抱怨的女性們。

從事諮商實務工作後，我發現成年女性所求助的問題非常相似，甚至原本自己可能是受不了家中「苦命女人」的抱怨，所以逃了出來，但不知為何，自己也成為了「苦命的女人」。

這讓我重新思考：這種重複的循環，真的是個人化的主題嗎？**是否我們有一種「文化情結」，產生了「苦命的女人」這樣的形象，使得類似的故事，世世代代承襲，不停地出現在我們的生活周遭？**這種女性的「文化纏足」（註），是否這樣無意識地束縛我們的生活，使我們無法抵抗，卻又痛苦不堪，只能用抱怨來讓自己好過些？

而「苦命的女人」究竟經歷了什麼？又有怎樣的特質呢？

受委屈，忍得了苦，期待苦盡甘來

阿玉每天早出晚歸，不停地工作著。從丈夫染上賭博之後，就似乎註定了阿玉悲慘的命運。

逢賭必輸，又不甘心的丈夫，將工作的收入都奉獻在賭場的組頭手上。沒錢的時候，還會跑回來跟阿玉要，把阿玉娘家給她的僅存嫁妝都揮霍完了。

剛生完孩子的阿玉，萬不得已，只好不足月時，就把甫出生的孩子與兩歲大的女兒託給婆家，自己出外到工廠，應徵日給女工。

工作了一整天，阿玉終於拿到了薪水，正開心孩子的奶粉錢有著落時，丈夫居然趁自己不注意的時候，把錢偷偷拿去賭博。想當然耳，又輸了。

於是，阿玉每日不停重複這個痛苦循環：賺錢，拿到薪水，帶回家並偷藏一些在身上，大部分的錢被丈夫拿走……為了這個家，阿玉仍辛苦地不停工作，回家就照顧兩個孩子，只盼望有一天丈夫能夠良心發現。

阿玉也把自己對未來的寄託，都放在一雙兒女——她的女兒與兒子身上，希望有一天，女兒長大成人後，可以嫁個好人家，兒子能夠出人頭地；這樣，她的責任就完結了，而後半輩子，也有了依靠……

在台灣許多鄉土連續劇，甚至是日常生活中，可能一直重複出現這種「女人典範」，也就是台灣社會中某種傳統女人的形象：打不還手，罵不還口；受得了委屈，忍得了苦；努力犧牲、奉獻自己的一切，只求顧全大局，顧全每個人的需求，然後，期待苦盡甘來的一天。

這種「苦命的女人」主題，不只出現在鄉土劇，在一些電影、偶像劇或日常生活中，也常重複出現。例如，她們可能會一直被欺凌、被壓迫，但她們總默默忍受這些不當的對待，繼續「吃苦當作吃補」。

身邊的壞人總是過得很快活，恣意地用這個苦命的女人來滿足自己的需求……

這就是屬於台灣的，女人的童話故事。

不能「生氣」

以前在研究所上「情緒心理學」，課堂上，老師與我們討論「情緒」時，分享了一個現象觀察。

情緒其實也有性別的差異。例如，**以男性而言，能夠展現的情緒，多半是「憤怒」，或是「沒有情緒」**。因為「憤怒」是有力量的，不會讓人看起來脆弱；而社會對男性的期待，多半是需要堅強、有力量的。

「男兒有淚不輕彈」，這社會並沒有允許男性脆弱的空間，因此，以電影來說，一個哭哭啼啼的男人，不會讓人感覺可信賴、有認同感；但若一個硬漢因為被欺負、被剝奪而「憤怒」，起身有力量地對抗整個社會、體制，最後結局是紅著眼眶地稍稍表達自己的「鐵漢柔情」，那麼，這個角色反而會引起我們的認同，甚至觸動我們內心深處的溫柔。

那女性呢？

比起男性，**女性的社會期待，多半是「溫柔體貼」、「察覺他人的需求」、「照顧別人」**。社會不期待女性要「很兇悍、有力量的」，反而是允許女人表現脆弱。「哭得梨花帶雨」，「哭泣、難過」是社會允許女性表達的情緒，但「憤怒、生氣」不行。

若女人生氣，則是「河東獅吼」、「潑婦罵街」、「悍婦」……特別是，如果女人受了極大委屈，例如遭受暴力、性騷擾，甚至是性侵，成為受害者，卻又勇敢地起身表達自己的憤怒，維護自己的權益時，對社會來說，這樣的女性並未扮演好傳統哭哭啼啼又害怕的「受害者形象」，和社會期待的女性形象不同。

因此，這樣能夠出來維護、爭取自己權益的女性，反而很容易被抹黑、被檢討，被說「其實她應該也有問題……」

這種生氣，是不被鼓勵的，甚至會被責罵、貼標籤。因此，在社會文化與他人的壓迫中，苦命的女人既習慣，也被要求要拚命忍耐，必須「忽略自己的感受與需求」，即使覺得委屈、痛苦，仍然忍耐著，做著「應該」要做的事——「應該」要當個好妻子、好媳婦。

身為女人，就「應該」要為這個家、為了小孩付出一切。在這過程中，自己的感受「應該」要被忽略，「應該」要習慣這樣的壓迫，因為大家都是這樣過來的……**不能生氣，不能為自己爭取權益，不能說「我不要」，不然壓迫者就會說你「沒有盡到一個女人的責任」——可能是媽媽、媳婦、女兒、太太……**

在社會習慣與傳統文化高帽子的壓迫下，扮演「苦命的女人」這角色的人，顯然沒有任何選擇，只有抱著很多很多的委屈，繼續忍耐、順服一途。

在這樣的壓迫與順服下，會發生什麼事？

要認命：在壓迫中沒有選擇，只有認同壓迫，才能生存

當「苦命的女人」順服這樣的壓迫時，自己的感覺會越來越麻痺，對於自己所吃的苦，也只能用「這是應該的」、「因為大家都是這樣」來說服自己。**用許多的理由與社會規範來「合理化」、解釋自己的痛苦感受。因為唯有這樣，自己才能繼續在這樣的壓迫中活下去。**

為了活下去，這些吸收了「應該要委屈自己、犧牲自己」等價值觀的苦命女人，於是被洗腦成功。在不停被貶低、被犧牲或自我價值低落的狀況下，「苦命的女人」若要能生存下來，就唯有認命。

那就是：接受命運就是如此，不要企圖做任何的反抗。

「認命」是台灣傳統文化灌輸給女性的一個非常重要的觀念。當遇到被壓迫、不當對待或各種委屈時，傳統社會並不鼓勵女性起而抗爭、拒絕被這樣對待，或是要求男性應該尊重女性。

傳統社會會使用「認命」這個概念，逼迫苦命的女人接受這樣的對待。

「這就是你的命。」

在這種貶低女性價值、被壓迫，卻要你認命，提倡「吃苦當作吃補」，「這些就是女人該做的」的社會框架裡，女性逐漸被教育、被洗腦，最後成功地成為傳統女人典範：「苦命的女人」。

她們成為一個最順服、最認命、最「模範」的被壓迫者，願意乖乖聽話，馴服在這些壓迫的體制下，放棄自己的感覺與需求，甚至是自己的價值。

感覺、需求與被壓迫的創傷可以放棄，但不會消失，它們會化成冤、化成怨，存在這些「苦命女人」的心裡。

那最後，這些「怨與冤」，跑到哪裡去了？又要怎麼被消化？

從被壓迫者轉為壓迫者：媳婦熬成婆、檢討被害者文化

最後，這些怨與委屈，成為這些被壓迫者的力量。若要乖乖認命，要讓這些被壓迫者感覺好一點，怨與冤能夠有抒發的管道，唯有提供她們一個「美麗的報償」，就如同金蘋果、紅蘿蔔一般，讓她們可以期待，委屈也能有出口。

那就是，讓被壓迫者認同這種「壓迫文化」，告訴她們，只要等你「媳婦熬成婆」，你就再也不是食物鏈最底下的那個「苦命女人」，而是可以壓迫別的女人的「好命人」。

經典名句是：「我以前這麼苦，都忍過來了，你受點苦，算什麼？」

你可以用過去壓迫者要求你的、讓你受委屈的方式，去要求現在在權力位階底層的那個苦命女人，要求她照你的方式去做，因為「這就是女人家的命」，「我們以前也是這樣過來的」。

看到她的痛苦，為了你而犧牲、放棄自己的感受與需求時，這個重複的意象，似乎能安撫你內心的空洞，過去你的痛苦與委屈，好像也暫時受到了舒緩。

於是，「苦命的女人」，在台灣社會中，不停不停地被複製；而**被壓迫者，有些成為壓迫者，繼續強化、支持這樣的壓迫文化。**

註：「纏足」作為一個女性束縛的「象徵」與「原型模式」，最早是由榮格分析師馬思恩所提出，其著作提到「纏足」這個「原型模式」對被西化之中國女性仍有深遠的心理影響，書中並探討中國的神話與纏足史的淵源與其脈絡。對「纏足」這個原型概念有興趣的讀者，可參考馬思恩著作：《纏足幽靈——從榮格心理分析看女性的自性追尋》。

文化纏足──「纏足」的心理意義：勒緊你的是什麼？

「纏足」，也就是所謂的三寸金蓮，是一種過往的傳統習俗。台灣早期社會，漢人女性多半纏足，且把腳的大小看成評斷女人家世、教養、社會地位，乃至是否有性吸引力的一項標準。

「看腳不看面」、「小腳是娘，大腳是嫺（婢）」、「幼秀跤，好命底」等俗諺，說明了在台灣當時社會，「纏足」對漢人女性「嫁入好人家」的重要性。

當時，纏足多半是由母親執行，從女兒五、六歲時，母親就會用布折彎女兒

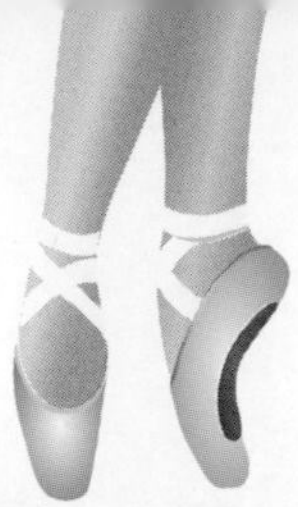

的腳，將女兒的腳緊緊纏起、固定，女兒必須要忍耐極大的痛楚。「我是為你好」，如果母親為了女兒的將來著想，必定要無視女兒的痛苦感受，盡力把腳纏得越小越好。纏得越小，代表著女兒未來的命運就會更好。

被纏足的女兒，從此失去了自由走跳的行動能力，未來只能過著緩緩而行、被人攙扶的日子。

以上的這一段描述，你是否覺得熟悉而毛骨悚然？

文化纏足：由一個「過來人女人」教你如何取悅男人與社會

斐斐是一個性格十分大剌剌的女孩，她時常因此被責備。因為斐斐的母親，認為女生應該要「坐有坐相，站有站相」、「行止得宜、大方端莊」，否則「以後你就會吃到苦頭」。

和自己的弟弟比起來，弟弟可以席地而坐，吃飯吃得又快又猛；但對斐斐，一旦坐姿稍微歪斜、笑得大聲點，吃東西稍微快一點，媽媽就會皺起眉頭：「女孩子要溫柔，動作不要那麼大。這麼沒教養，以後誰敢娶你？」

每次聽到媽媽這麼說，斐斐就覺得壓力很大、生氣又委屈。

「憑什麼弟弟可以這樣，我就不能這樣。是女生就比較倒霉嗎？」「為什麼我要為了能夠嫁出去而努力？」這些話在斐斐的心中一直打轉著，但面對媽媽的話語，斐斐也忍不住被這些標準影響，開始認為「女孩子似乎就應該這樣」。

即使媽媽不在自己旁邊，一旦自己稍微講話大聲一點，或是動作太大等，都會讓斐斐心裡忍不住自責：「我是不是動作太粗魯了？」「這樣別人會不會覺得我很沒教養？」……**那一些從母親傳承下來的「女性教條」，深深影響斐斐**，甚至讓斐斐感到自卑，覺得自己是個「不夠好、不夠女性化的女性」。

在現代社會，雖然纏足的習俗已經消失，但心理上、文化上，對女性纏足似的心理控制依舊存在，且許多時候，仍然是由母親傳承這項「文化纏足」的經驗。

或許許多女性都有過斐斐的經驗。從小母親耳提面命：「女生可以做什麼，

不能做什麼」、「否則長大沒人要你」……母親的這些語言，可說是一個「過來人」的經驗。或許是從她的母親而來，或許是她的社會經驗。當她發現：「女人要在社會獲得一席之地，生存下去的方式，就是必須被男人、被社會認同」時，她學會了大眾、男性期待女性的樣貌，然後，傳承給自己的女兒。

有許多母親，就像是被這社會訓練有素的「女性生活教練」般，將過去社會、男性、自己母親所教導的女性該具備的「技能與形象」，在日常生活中繼續傳承給自己的女兒，有形，也無形地控制著女兒的心理與行為。

這些母親深信，自己所做的這些提醒與限制，都只是為了讓女兒可以更被社會認同、找到好的對象，並因而獲取更好的社會地位，而迎向一個更好的未來。

「不要以為我愛念你，我是為你好。」就如同纏足般，為了讓所有女孩成為能夠被男人、被這個社會接受的「好女孩」，這種象徵性的「文化纏足」，從小就靠著母親，以及進社會後不同階段的訓練，一代一代地傳承下去，成為勒緊女性腳步，甚至勒緊女性脖子的「裹腳布」。

那麼，我們是如何在這過程中被塑造、綑綁而成為一個「好女孩」？

輯二

傳承的裹腳布教育：一個「好」女孩的養成

聽話溫順、善體人意，壓抑表現，才是好女孩

我從小是個不服輸的孩子，對於各種事物都非常好奇，很喜歡問問題，常被認為很愛「挑戰權威」。小學時，我曾因發現老師教的內容錯誤，硬是把兩大本厚厚的字典帶去學校，想跟老師說：「老師教錯了，這樣同學都會學成錯的。」我也曾因男同學捉弄我、打我，硬是要追上他、打回來。

有些老師對我的舉止很不滿意，打電話給我的媽媽，告訴她：「你的女兒不聽話，不夠尊重老師，行為舉止太粗魯……」因此，雖然我在小學成績表現不錯，也常比賽屢屢獲獎，但有些老師特別不喜歡我，常對我耳提面命：「你動作太粗魯了！」「你意見太多、問題太多了！」「你表現得好，更要謙虛。你太容易表現得開心，太張揚了，驕者必敗！」類似這樣的話，充斥在我的小學生活中。

後來，連我媽媽都會提醒我：「低調一點，上課不要一直問問題，要聽話、要乖，不要違逆老師……」

對於老師與母親的要求，我其實是很困惑的。

一方面，老師們期待我表現優秀，希望我能代表學校出賽，拿獎回來，名次越前面越好；但另一方面，老師對於我的優秀表現，時常有貶低、懷疑的話語，必須不停地提醒我：「你要小心，少年得志大不幸。」「你不要以為自己聰明，賣弄一些小聰明，對你沒好處。」「表現越好，越不能驕傲。你要有同理心、要常常幫助同學。」……甚至我遇過老師對我說：「女孩子這麼厲害，又愛表現，以後很難找到好老公……」

和我比較起來，當時班上有一位成績很好、害羞少言、個性溫柔的女同學，老師對她則是極為讚揚，認為「好學生就是應該這樣」，常常告訴我要多向她學習。

另外一方面，我也注意到，同樣表現優秀的男同學，老師們對於他們的評語，卻和我有很大的不同。

即使他們張揚地說：「對呀，我超強的。哈哈。」甚至拿到好成績時神采飛揚。

老師們對於這位男同學的解讀，卻是有自信、知道自己的長處、很有領導才能。

即使我平日的表現是比他好的，而且行為比他收斂，但在各方面，他獲得老師的評價，卻都比我好，他的表現也比我容易被接受。即使他偶爾在課堂發表意見，甚至頂撞老師，老師都很容易解釋成「男孩子就是這樣。他是無心的」。

對於這件事，我一直百思不得其解。

當時我也不懂，我的表現，和我能不能找到一個好老公有什麼關聯？為什麼身邊的人，好像都要提醒我：「如果你表現得很好，就要低調；否則你就會對這個世界、對周圍的人造成威脅。」

而我的那位男同學，似乎沒有這個困擾。他不一定要體恤別人，也不需要低調，只要能夠表現得「更好」，他再怎麼驕傲，好像都是可以被原諒、被合理化、被接受的。

聽話與順從：為了獲取社會地位與被認同、被接納

後來我發現，從小到大，社會時常有意無意地傳達一些觀念，要求女孩「順從」。

女孩得練習收斂自己的行為，順從聽話，服從權威；女孩子也被要求「忍耐」、「忍讓」。在順從中，忽略自己真正的想法與感受，不能隨便表達，否則可能會招來批評，甚至貼上各種標籤，例如「意見很多」、「男人婆」。最好的情況，就是既能表現得好，又能夠謙虛為懷，將榮耀歸給身邊的人，達成每個人的期待。

雖然許多心理學理論提到，在成長過程中，可說是我們獨立自主、找尋自我的過程，但我發現，**許多女孩在這樣的成長過程中，思考的不是「我是誰」**，找尋的不是「自我的樣貌」，**反而思考的是「我該如何才能討人喜歡」**，找尋的是「討人喜歡」的方法與技巧。

所以，很多女性，就在這過程中學會順從與討好他人（及男人），**也學會討好整個社會**。我們下意識地學著每一個說話的技巧，甚至學會撒嬌，學會溫柔而不攻擊的說話方式；學會聽弦外之音，學會察言觀色，學會溫柔體貼、善體人意。

因為，那是我們被要求、被訓練的，獲得社會與他人肯定的方式，也是我們在社會能夠生存，占有一席之地的生存法則之一。

重男輕女

「女孩子以後就是要嫁出去的。念這麼多書幹嘛？」從小，萍玥就聽著父母說著這樣的話。

身為家中老大，父母忙著自己的事業，因此他們都希望萍玥能夠幫忙家務、照顧弟弟。

「你是老大，照顧弟弟是理所當然的。」雖然萍玥功課表現很好，但父母對於萍玥的表現沒有太多的稱讚。反觀弟弟，功課平平的他，一旦他有較好的表現，母親不但稱讚，還會買他想要的東西獎賞他。

「女孩子家，不用太會念書，這樣以後老公會覺得有威脅。好好學會做家事、學著照顧家裡，這就是最重要的事情。」萍玥的父母灌輸著萍玥這樣的觀念，甚至覺得「養女兒就是在幫別人養老婆、養媳婦」，而認為兒子才是家中最重要的「繼承者」，因此家中所有的資源、關愛，幾乎都給了弟弟。

萍玥非常努力表現，卻無法得到父母的肯定與支持。

萍玥上大學後，她知道自己和弟弟、和其他人不一樣，能夠念大學，完全是運氣，她不能讓父母感覺自己念大學是個負擔。

因此，當弟弟在家裡打電動時，她努力打工，拿書卷獎與獎學金。大學四年，萍玥幾乎沒有用家裡的錢，努力靠著自己半工半讀念完。

即使如此，表現優秀的她，仍受母親的冷嘲熱諷，覺得萍玥「太過幸運」。「想念書就念書，我們以前哪有這麼好命。」

大學念完，當萍玥決定要繼續念研究所時，父母極力反對，特別是母親。

「我們以前念完高中就偷笑了，都讓你念完大學了，還不趕快去賺錢，供你弟弟念書，不然就是找個有錢人嫁了。居然只想到自己，你怎麼這麼自私自利？」

萍玥還聽到媽媽私下與其他親戚聊天：「『豬不肥，肥到狗』(註)，也不知道照

顧弟弟，就只顧著自己。女孩子這麼會念書有什麼用，到時候還不是要嫁人？」

聽到母親的話，萍玥非常的受傷。

對父母而言，自己只是一個「有用的工具」而已？只是用來供養弟弟與家庭？甚至連自己的婚姻，都要成為對家裡有幫助的一項籌碼嗎？

「父母到底愛不愛我？為什麼他們從不在乎我，只在乎弟弟？難道，身為女兒，就是低一等嗎？」

※　※　※

霈霈小時候，媽媽曾經對她說：「你哥哥剛出生時身體不好，爺爺奶奶都很擔心，因為你爸是獨子，所以一直要我再多生一個男孩，後來生了你跟你妹都是女兒。不過，還好你哥哥後來身體好起來，變得比較健壯……」

第一次聽到媽媽這麼說的時候，霈霈很震驚：「所以，我跟妹妹都是多餘的孩子？」

這件事對霈霈而言，是一道心中深刻的傷。

童年的時候，霈霈知道媽媽與爺爺奶奶都非常疼愛哥哥，哥哥有新衣服、玩具，想要什麼就有什麼，而她與妹妹，如果提需要買什麼，都會得到嫌棄的眼光。

爸爸很少在家裡，在家的時候，多半也都只是去看一下哥哥，而很少看顧她們姊妹。

霈霈冷眼看著大人對待哥哥與她們不同的態度，看著哥哥被寵得像家中的小霸王一樣，任性又不負責任，霈霈因而嚴格要求自己。「我絕對不能跟哥哥一樣。」因為從小爹不疼，娘不愛，霈霈跟妹妹知道她們沒有人可以依靠，只能靠自己，因此兩人非常努力，靠著半工半讀念完書。

妹妹考上公費的師範學院，後來當了老師。原本住在老家的霈霈，則是五專畢業後離家工作，與朋友合夥做小生意，現在已經是兩家店的老闆。

反觀哥哥，因為從小被家中捧在手心，高職念到一半就不念了，說要拿家裡的錢去做生意，結果賠了好幾次，沒有一次投資成功，最後賦閒在家，靠家裡養著。

原本霈霈家中算是富裕，後來爺爺奶奶過世後，也留下許多遺產，但就在幾次爸

爸與哥哥的生意失敗中，家產所剩無幾。

媽媽總認為霈霈「帶壞了妹妹」，兩個人都沒有留在家裡照顧家中需要、照顧兩老跟哥哥；尤其是霈霈跟妹妹都經濟無虞，媽媽認為她們應該要拿錢出來「扶持哥哥」。

面對媽媽的責備與要求，不堪其擾的妹妹早就不與媽媽聯繫，組了自己的家庭。霈霈會拿家用給媽媽，媽媽於是時常要求她「應該」要幫助哥哥。「你只給那一點家用有什麼用？你跟妹妹怎麼都這麼自私，只顧自己好？你們可以表現這麼好，還不是我們把你們生得好。你們為什麼都不會想要回報家裡，幫助辛苦的哥哥？」

面對媽媽的話，霈霈難過又痛苦。

她自己非常清楚，自己與妹妹的「爭氣」，正是因為家人的不可依靠與哥哥的不爭氣下的產物；但**面對媽媽的責備，霈霈又覺得自己好像「做錯了什麼事」，似乎現在擁有資源的自己，不給予哥哥一些什麼，就是自己自私、不顧家、不孝順……**

但霈霈很清楚，哥哥的慾望被家裡寵壞了，就像無底洞般。若自己如媽媽說的去「扶持」哥哥，可能會連自己現在一點小小的成就都賠進去……

即使知道不可以答應，但當與媽媽見面後，回到家中，媽媽的聲音總是迴盪在自己耳邊，好像自己現在的成就，是家人的犧牲換來的，而自己沒有奉獻自己的資源給哥哥，是一件非常可惡的事情。

明知道這不是真的，但霈霈仍忍不住心中的罪惡感，最後，借了一筆錢給哥哥。即使知道這一定是有借無還，但安慰自己：至少換得耳朵暫時的安寧。

想當然耳，哥哥生意又失敗了，媽媽又跟霈霈開口了。

霈霈忍不住想著：「難道我這一輩子都要這樣把自己的努力，奉獻給哥哥嗎？為什麼媽媽從不替我著想呢？」

在台灣早期社會，重男輕女是一個常見的現象，因為華人社會認為「男性才能傳宗接代」，而「嫁出去的女兒，就有如潑出去的水」，認為只有男性才能照顧、奉養父母。

俗諺甚至有一句話是「豬不肥，肥到狗」，直接形容這種重男輕女的社會價值觀。

即使到了近代，講求性別平等、男女平權，「生男生女，一樣好」，似乎重

男輕女的觀念，已不如過往被認為理所當然，但是這樣的想法，仍然隱微地影響許多家庭、許多女性的地位。

我自己則有這樣的經驗。

我是爺奶家出生的第一個孫子。奶奶生了四個兒子，非常期盼有個女孩，因此對我媽媽說：「希望你生個女兒。」當我出生後，爺爺奶奶與叔叔們非常疼愛我，爺爺奶奶也沒有要我媽再生一個的意思，對著別人，也都介紹我是家裡的「長孫女」。

等我長大一點時，我與別人分享我的獨生女經驗，當別人知道我爸爸是長子，我是台南人之後，都非常驚訝地對我說：「我也是台南人。你奶奶很特別耶，老人家都會很希望長子要生兒子……第一個男孫才是長孫，沒有人在講『長孫女』的……」

我聽了很驚訝，這和我從小到大聽到的不同。

聽到好幾個人說了這樣的「傳統」之後，我才知道：「原來，**這才是社會的『規則』**。」

更別提我離開台南去外地讀書，當我功課表現好時，身邊某些長輩的冷言冷語：

「會念書有什麼用，到時候還不是要嫁人。那麼會念書，說不定以後嫁妝要附個總統府，別人才敢娶……」於是我才知道，我童年在爺爺奶奶家的經驗是多麼幸運。

從事諮商工作以後發現，原以為重男輕女是上一代已經消失的觀念，但沒想到仍遇上許多女性，經驗到家中的重男輕女傾向，有些女性的年紀，甚至比我還輕。

常見的包含：家事會叫女兒做，但不會叫兒子做；認為男生多念點書是應該的，女生不需要念太多書，以免以後找不到對象；鼓勵兒子追求夢想，但希望女兒做一份穩定的工作，好好找個結婚對象；家裡的資源多一點給兒子沒關係，但若女兒多使用了家裡的資源，家人會酸言酸語，因為「女兒總是要嫁人的」……甚至，**若父母生病，而女兒未婚，不管兒子有結婚或沒結婚，這個照顧的責任，有時就會落在女兒身上**。

希望女兒既要能好好工作，也要能夠照顧父母，或希望女兒放棄自己的工作與夢想，找一份可以顧家、照顧父母的工作。

如上所述，歸納重男輕女的觀念，其實傳達了幾個重點：

- ◆女性不應該使用太多資源成就自己，這樣叫「自私」。
- ◆女性應該要犧牲自己，成全別人，顧全大局。
- ◆女性天生就比男性沒有價值。
- ◆女性應該比男性沒有能力。

那些自我犧牲的女性們

以上的重點，特別是**「自我犧牲」，幾乎是被內建在女性的基本程式中，是被期待的「女性基本技能」之一**。

因為是基本技能，所以不會被頌揚、被放大。以電影為例，許多好萊塢電影、熱血動畫喜歡傳達「英雄傳說」。電影中的男主角，如英雄一般，為了家人、身邊重要的人，出生入死，甚至最後為了大我自我犧牲（許多災難電影的情節：《ＩＤ４》、《世界末日》……），這種情節似乎賺人熱淚，讓人感動，也英雄化了男主角。

但是現實世界裡，做出犧牲的時常是女性。

例如男性去外地工作，留在家裡邊工作邊照顧小孩的，是女性；當家人患病，擔任照護工作的，也時常是女性。早期社會，當家裡的資源有限，女性常是那個放棄念書，出來工作，提供金錢以支援弟弟或哥哥發展能力的人。

為什麼女性時常必須扮演犧牲的角色？

在早期的台灣社會、經濟起飛時，男人幾乎都是在拚經濟，甚至是負責「光耀門楣」。照顧一家大小，甚至為家中兄弟提供資源的責任，就落到了女人身上。

如果今天男人拚經濟，女人也做自己想做的事情，沒有人「犧牲為家」，男人就不能無後顧之憂地完成自己的夢想。因此，「成家立業」這句話，以過往社會來說，的確是有道理的。只有在你成了家，有個女人可以幫你照顧家庭，你才能放心地立業。

於是，女人的犧牲，成為維持這個社會運轉、經濟起飛的重要關鍵。女人若委屈太多，甚至被看見委屈，可能會衍生其他人的「罪惡感」，這是父權體制社會沒辦法消化的，甚至，**為了消除「罪惡感」，這種罪惡感轉為憤怒，讓許多男人責怪女人有這樣的委屈**。

有些女人因而習慣把委屈吞下，甚至成為「共犯」，繼續用自己的經驗，指責其他表現出委屈的女人，稱其不夠認命、不能「顧全大局」。

因此，為了顧全大局，為了支持男人，為了維持這個家，這委屈，女人只能默默吞下，也不被允許隨意表現出來，否則就不是一個識大體的「好妻子」、「好媳婦」、「好女兒」。

也或許，正是這種女性的犧牲太過理所當然，甚至十分常見，因此，這種犧牲就不會被「歌功頌德」。

「女性善於照顧。」「家務應該是女生做。」「成就、立業、光耀門楣是男性的事情。」「女兒都是要嫁人的，不應該分家中的資源。」「女生應該要犧牲自己，照顧家庭。」……這種「重男輕女」的歧視，雖然不如從前顯而易見地被認同、被辨識，但卻轉換成另外的形式，在看似性別平等的今日，潛藏在我們的生活當中，甚至**曾被這觀念傷害的奶奶、母親們下意識地吸收、認同，而後繼續要求自己的女兒們，成為一種代代相傳的創傷，形成了一種暗示與罪惡感，深植在女孩心中，也成為女孩們「自我意識低落」的重要關鍵之一：**

「我的能力比不上男人，也不該比男人好；我應該別出頭，讓男人決定事情；我總是低男人一階。如果我太好，而家裡的哥哥、弟弟表現太差，這代表著我侵占了他們的資源……」

這種因為自我能力表現太好的「原罪感」，以及不符合社會期待的壓力，默默地限縮了女人的能力表現，箝制了女人的發展。

指出這些「重男輕女」的觀念，並不代表男性在這種社會期待中不辛苦；而是，當這樣的「文化纏足」觀念綑綁著每一個人時，我們都被迫扮演社會期待的角色，而在其中痛苦不堪。

沒有期待，就沒有傷害？

如前所述，這種隱微的「重男輕女」觀念，就在社會中「無意識或有意識的語言與行為」中被傳達，也傳達了：

男孩是被期待的，是可以表現的，是可以極力爭取榮耀，為了目標放下一切努力前進的；女孩是需要善體人意的，重視關係的，是要犧牲自己，成全別人的。

例如，一個家庭中，當父母對兒子的要求非常嚴格，要他表現好，學會壓抑

控制自己的情緒，要能保護自己，甚至要保護姊妹（例如：「你是男生，要保護女生。」），但對女兒的要求相對寬鬆時，女兒一方面與父母的關係可能會比較親密，但另一方面，可能也會懷疑起自我能力。

這種隱微的影響，不只是影響課業或能力等外在表現上，也會影響男孩與女孩對外的關係與態度。

例如，遇到有人侵犯自己時（霸凌、被肢體暴力、身體侵犯等），社會上會比較能接受男孩採取「打回去」、「堅強」、「對抗」、「不要讓他看扁你」，這不只是父母或長輩的傳達，而是包含主流媒體、電影、網路資訊等，都可能傳達這樣的訊息：「當你被欺負時，你需要打回去或是對抗，用更大的能力與拳頭震懾對方，贏回屬於你的權力。」

但是，若女性遇到同樣的狀況，父母、長輩或是主流媒體的傳達，可能會希望女性「算了」、「息事寧人」、「好好跟對方講，不要起衝突」……**這種「爭取你的權益，可能會發生不好的後果」的恐懼思想，就這樣植入了許多女孩的心中。**

於是，面對這些有形、無形所傳達的思想觀念，女孩們可能會得到一些結論：

◆我是不被期待的。
◆我的能力是不足的。
◆我是需要被保護的。
◆我不應該跟別人起衝突。
◆我不可以隨便爭取自己的權益。

……

這些觀念，讓女孩們的自我意識越來越弱、自我價值越來越低、自我感覺越來越差，在這世界的生活空間越來越狹窄……

生命力，也漸漸地被削弱。

而當我們自我感覺不好的時候，會影響到我們的生存；因此，為了在這個世界找到一席之地，有些女孩們發展了一套面對這樣無力感的「生存策略」，讓自己能夠努力地活下去，也就是：**努力獲得他人的肯定**。

註：這句話是形容父母望子成龍，但當女兒表現很好，兒子還遠不如女兒時，父母因而忍不住的感嘆：「唉，肥到狗有什麼用。」

許

許多女孩在成長過程中，思考的不是「我是誰」，找尋的不是「自我的樣貌」，反而思考的是「我該如何才能討人喜歡」，找尋的是「討人喜歡」的方法與技巧。

所以，女孩下意識地學著每一個說話的技巧，學會溫柔而不攻擊的說話方式；學會聽弦外之音，學會察言觀色，

學會溫柔體貼、善體人意……

那是女孩被要求、被訓練的，獲得社會與他人肯定的方式，也是女孩們在社會能夠生存，占有一席之地的生存法則之一。

權威情結：「被肯定的需求」與「講究和諧、順從」的訓練

什麼是女性在社會的「權威情結」呢？那就是：**面對權威，習慣以迎合的方式，努力得到對方的肯定，藉此得到安全感。**

這些權威情結——「以迎合、委屈的方式」的互動，可說是承繼了在家與父母長輩相處的經驗，再加上社會的價值觀而形成；之後進入學校、社會後，這些社會體制繼續強化這些觀念，成為女性「文化纏足」的一部分。

讓我們來看看以下的例子：

追求成功，才能找到自己在別人眼中的價值？

敏茵的父親是台商。敏茵從小的印象，是爸爸兩、三個月回來一趟，一回來就是先確認她和弟弟的功課。

爸爸對弟弟要求十分嚴格，常常念弟弟：「你不爭氣一點，以後怎麼繼承我的公司？」但弟弟有氣喘，時常無法去學校，成績也達不到父親的標準；反倒是敏茵，一方面爸爸對其要求較低，而另一方面，敏茵很聰明努力，可以輕鬆做到爸爸的要求，後來，爸爸轉而把注意力放到敏茵身上，提高對敏茵的標準。

有一次，敏茵無意間聽到爸媽的談話：「弟弟我看他能一輩子無痛無災就好了。姊姊倒還可以期待一下。」由於弟弟身體不好，媽媽總把注意力放在弟弟身上；而爸爸原本也只關注弟弟的表現，但最近，敏茵感覺到爸爸比較在意、關心她的表現，會因為她達到標準，而給予她更多的關注與讚美。

現在爸爸打電話回家，也不像以前一樣，只問弟弟的功課與身體情況，反而會問媽媽最近敏茵的表現如何……

這些變化，讓年紀還小的敏茵感覺到：「原來，**只要我表現好，我就會有爸爸。**」

於是，敏茵開始自我要求，希望自己做到爸爸的標準，得到爸爸的讚美，讓爸爸

以自己為傲。

「只有表現好，我才是有用的人；我才能得到別人的關注，我才能在這裡得到一席之地，我才是有價值的……」

這些話，成為敏茵的人生準則，影響了她，讓她成為一個為了別人的目光追求成功，將別人的期待變成自己的目標，永遠都停不下來的人。

很多女孩，在成長過程中經歷「愛的缺乏與忽視」，為了找尋自己的一席之地，只有努力「達到權威的期待與要求」，以此證明自己「有用」，以求獲得自己生存的價值。

當女孩們努力達到權威的目標時，會得到一些回饋：被讚美、被肯定，或是關注的目光。這些被重視的感覺，讓這些缺乏被愛的經驗、被忽視而自我價值較低的女孩們，感受到安全感——「原來我只要按照別人的期待去做，做到了，就能獲得我想要的注意與愛。」於是，有一些女孩，拚了命地用盡自己的全力與血肉，只求獲得權威的一聲讚美；只有如此，她們才能感覺到自己是存在的、是有價值的、是被愛的。

於是，努力這麼做的我們，得到一個結論：「只要我有用，我就會被愛。」

但換言之，這個結論，其實有著反面的意義，那就是：

「**如果我沒有用，我就不值得被愛。**」

因此，為了逃避這樣的「生存焦慮」，為了證明自己有資格活下去，我們因而努力再努力，完全無視於自己的辛苦，盡全力想要獲得權威或他人的讚賞，以此來安撫覺得「自己不夠有價值，不值得活下去」的焦慮，以此來證明自己有生存的資格。

「原來我這一生，這麼努力，都是為了別人……」

這，難道不是一件極為悲傷的事情嗎？

要照顧好別人，才可以做自己

面對「需要被權威肯定與看見」的生存焦慮中，「做自己」幾乎是不容易的。

但有些女孩，一邊面對生存焦慮而不停鞭笞自己；另一方面，也感受到內心天賦的召喚，希望做些能完成自己夢想、成就自我的事情。但面對社會、家庭的要求與不看好，這些女孩可能會要求自己「一定要先做好什麼」，才能夠做自己。

例如，身為一個職業女性，如果希望能夠多花一點時間在工作上，更需要求自己把家裡照顧好、孩子帶好，才能夠多花一點力氣在工作上。

女性必須有好的關係、好的家庭，才能夠追求自我成就，這與男性面對的狀況完全不同。大多男性因為工作而對家庭疏於照顧，甚至出差長久不回家，這都是社會默許的行為。

為什麼有這樣的差距？這可能仍與社會對男性與女性的期待有關：男性被要求要有成就，女性被要求要關係良好。例如考慮他人眼光，對男性而言，失業所面臨的社會壓力，是會大於離婚的，因為「工作與成就」可說是男性在社會上找到自我價值、自我位置的方式。

反之，對女性而言，失戀，甚至離婚，其面對的社會壓力絕對大於失業，因為**「維持良好的關係」是女性在社會找到自我價值的重要方式**。

社會或許不期待女性成為高成就者，但卻期待女性能夠努力維持家庭、親子、夫妻關係，而這也是父權社會能夠更容易運作的原因之一。

因此，若要追求自我成就與實現，比起男性可以丟下一切追求夢想與成就，女性則必須在維持關係、照顧別人上付出一定的時間與心力，否則當有成就，卻沒有相對應看似良好的關係時，可能會被批評：「老處女。」「她就是因為都把心力付出在工作上，所以孩子、丈夫才會那樣。」「她就是太厲害了。才沒有人敢接近她。」反之，若是同樣的情況發生在男人身上，可能會被稱呼：「黃金單身漢。」「他很有成就，老婆好幸福，都不用擔心家計。」……

提出這樣的性別角色差異，並非僅認為女性較為辛苦，男性是輕鬆的；而是期盼指出這樣的現象，能讓大家看到社會對不同男女角色的期待與壓力，所以才使得兩方其實都困在自己的文化期待枷鎖中。

習慣順從權威，隱藏憤怒

在競爭激烈的情況下，茴英成功獲得了一家知名律師事務所的實習機會。

錄取茴英的是一位男律師，相當欣賞茴英的才華。茴英進入事務所沒多久，這位律師就主動找她一起參與事務所的重要案件，茴英因而有許多與這位律師單獨工作的機會。

這位律師在業界是非常有名的人物，茴英對其也仰慕已久，能有這樣的機會，她很期待能向這位律師學習更多的事物。

但一同工作後，茴英開始有不對勁的感覺。

這位律師與茴英單獨工作相處時，有時會對茴英說一些逾越界限的話，例如：「你那麼漂亮，一定有男朋友吧？現在年輕人都很開放，是不是在一起就會上床啊？」「你穿襯衫，身材那麼好，算是引人犯罪喔～」

甚至會對茴英有一些身體接觸，例如，摸茴英的頭髮說：「你髮質怎麼那麼好，都用什麼洗髮精?我也要買回去給我女兒用。」或是搭肩，甚至有一次，律師對茴英分享一個性騷擾案，然後對茴英說：「我示範給你看，被告是怎麼做的……」然後就一把抱住茴英。

這些狀況讓茴英很不舒服，但對方做的行為似乎都能「合理地解釋」，且這位律師的年紀都快能當茴英的爸爸了。

律師也說自己有個與茴英年紀相仿的女兒，讓茴英想著，對方是不是把自己當女兒照顧，是自己反應太過？

但在這過程中，又有很多的不舒服，讓茴英不知道該怎麼反應。

畢竟，自己很需要這個實習機會。如果反應過頭，讓對方不開心，自己是否會失去這個實習機會？甚至茴英也擔心，如果在還沒完全踏進職場，就惹怒一個在業界很有影響力、知名的權威人士，是否會影響自己日後的工作與發展？

於是，茴英不敢說出自己的感受，也不敢明確地拒絕、制止對方的碰觸與過分的言語，只能安慰自己：「或許是我想太多，而且實習才半年，沒多久就結束了……」

像茴英這樣遭受性騷擾的故事，其實相當常見。

故事中，茴英與律師還是明顯的「上對下」關係；但許多女性在職場、學校等環境，即使面對的是同儕，或是合作對象的言語與身體騷擾，第一時間可能會愣住，尤其當大部分女性都習慣不要造成衝突或不和諧的場面，因而沒辦法展現拒絕或憤怒；有時甚至會為了「顧全大局」，而必須默默承受，因為「這是丟臉

的事情」、「別人會不會覺得是我太敏感」。

但是，**當這類事件成為祕密被壓下來，所有的羞愧就會不合理地被受害女性承擔**，而不是由做出這樣事情的人承認，並扛下這樣的錯誤。

「在我公司的更衣室，之前發現有人偷拍公司的女生換衣服，偷拍的居然是我們主管。因為很多人受害，我們氣不過，決定要提告。

但後來公司高層開始跟我們一一約談，希望我們『再給這個主管一個機會』。在這樣的壓力下，大部分的受害女同事都放棄了，只剩我與少數幾個人堅持要提告。

但接下來，我們面臨越來越多從高層，甚至來自於同事們的壓力。

這個主管學歷很好，平常工作表現優秀，人緣也還不錯，所以其他人開始替主管講話，認為我們『故意放大事端』，甚至對我說：『如果你是他媽媽，你會希望別人提告嗎？』『你不要毀掉一個人的前途。』……

我覺得好困惑。

理智上，我覺得『堅持提告』這件事並沒有錯，我想要讓做錯事的人得到他應有的懲罰；但是，當他們反問我『如果這是你的小孩，你希望別人提告嗎？你這樣會毀掉他的前途』時，我又覺得，我好像造成別人的痛苦，而且，似乎很自私……」

許多女性在職場上遇到偷拍，甚至是肢體接觸的性騷擾（或是更嚴重的暴力侵害），當女性勇敢站出，維護自身權益時，身邊卻有許多的壓力，不允許女性說出自己的感受，表達憤怒。

一旦女性並非扮演社會期待的「受害者形象」的角色時，甚至會有人群起攻之，讓這些女性，感覺自己好像是個「抓著受害者位置不放的加害者」，因而在面對維護自己權益時，被罪惡感、自我懷疑攫住不放，掙脫不了，而開始懷疑自己：「我這麼做，真的對嗎？」

尤其，當對方是個權力位階較高的人，擁有較好的職位、較多的權力、較好的學歷家世……就算他沒有「花錢消災」，身邊也會有很多人幫助他，維護他的權益，最常聽到的話語就是：

「你這樣，會毀掉這個人（年輕人）的前途。」

「如果你是他媽媽，你會希望對方提告嗎？」

女性被賦予「默默承受」、「放棄抵抗」的期待

有時還會出現一種狀況是：女性本身想要維護權益，但是由家中的父執輩，也就是另一個權威代為出面，而大家「喬事」的結果，變成父執輩等權威者對受害女性說：「我覺得他也很有悔意。算了，別提告吧，得饒人處且饒人。要培養一個這麼優秀的兒子，其實也很辛苦……而且這件事傳開了，其實對你也不好。」然後，希望女性「算了」。

這種父權體系的共犯結構，權威習慣性地要女性「放棄／委屈自己的感覺」、「顧全大局」，甚至認為「這種事傳開了，其實對你是個傷害」的傳統「貞操」觀念，完全是姑息養奸。

而最可怕的是，大家並沒有意識到：當女性已經因為這類行為而受傷，繼續要求這些受害女性放棄自己的權益、感覺，這其實是一件非常具有傷害性、非常殘忍的事情。

很多人無意識地認同權威、認同優秀，然後，無意識地成為這個共犯結構的一員。**實際上，身為一個被侵害權益、被傷害的人，為了自己，「重視現在自己的感受」，決定提告或說出這件事來保護自己，並沒有對不起任何人**。

但在我們的社會期待中，女性時常被賦予「默默承受」、「放棄抵抗」的期待。若過於大聲說出自己的感受，爭取自己的權益，就會有很多負面的評價與標籤，貼在這樣的女性身上。

於是，許多女性學會被壓迫時要順從權威。

放棄抵抗，隱藏自己的憤怒與聲音，因為說出來也沒有用；只能懷抱著這個創痛成為祕密，讓這個祕密流傳在心中或女性團體之間，假裝沒事，但**私下卻被這樣的「羞愧感」給侵蝕傷害著**。

唯有這麼做，才是這社會期待的「女性樣貌」，才能「顧全大局」，而不至於掀起整個社會的焦慮——「如果你不是我們期待的樣子，你將會撼動我們的權威、我們習慣的安全感。」維持柔順的樣子，才能夠不被攻擊地在社會上勉強安然度日。

身體意象的追求：要性感，也要守貞

「我從國外念書完回台灣，在一家滿有名的本土公司上班，受到公司賞識，讓我負責一些重要的客戶業務。

其中有個男客戶，在合作過程中，時常對我開黃腔，甚至動手動腳。例如，當我穿比較合身的上衣時，他可能會把眼光放在我的胸部上，然後說：『你穿這樣，根本就是引人犯罪。』或是『你是不是都靠這樣談合作，比較容易成功？』有時甚至會有意無意把手拂過我的胸部，或是假裝不小心撞到我的身體，然後說：『我不是故意的，不過你的身體好軟喔……』

他這樣讓我很不舒服。我請他不要這樣時，他說是我想太多、太敏感。『我年紀都可以當你爸爸了，你怎麼會覺得我對你有非分之想，而且你以為你長得很漂亮嗎？全世界的男人都想要摸你？』他的態度就像是被我誤會、羞辱，表現出非常生氣的樣子。

被他這麼一說，我覺得是不是我誤會了他？他又是公司非常重要的客戶，不能得罪；但這種不舒服，使得我只要與他互動，壓力就非常大。

當我跟父母講到這件事時，他們對我說：『你也要反省，你衣服穿得太引人遐思了，以後盡量穿一些寬鬆的衣服。』

當我跟我的男主管說這個情況時，他說：『之前跟這個客戶合作，沒聽過這個情況。會不會是你太敏感？例如，你從國外回來，對身體領域性比較在意之類。有些可能只是長輩對晚輩的肢體互動而已……』

聽到他們的回應，我覺得很難過。

為什麼沒有人相信我說的話？沒有人相信對方有問題？為什麼大家都是先檢討我？檢討我的感受、我的穿著、我的態度……為什麼我穿一些自己覺得舒服、喜歡的衣服，卻必須因為別人的『侵犯行為』，而調整我的行為，而不是去要求對方改善

呢？」

※　※　※

「從小媽媽一直跟我說：『女人一定要婚後才可以發生性行為。』媽媽耳提面命地告訴我，隔壁鄰居的誰誰誰，就是因為發生婚前性行為而懷孕，男方不要小孩，女方只好回家生下小孩，變成單親媽媽，遭受鄰居的指指點點，差點活不下去，最後搬去外地工作，獨力撫養小孩，被別人看不起……

媽媽在路上，或是電視上看到女生較為性感的穿著，也會評價：『穿這樣就像要出來賣的，看起來很沒教養，引人犯罪。』然後對我說，我一定要小心，注意自己的穿著、言語與行為，不要讓人覺得我『要引誘別人』。不然吃虧的話，就叫天天不應，叫地地不靈，而且大家都會覺得是我『不檢點』。

從小被這麼提醒，使得我對自己的身體、性都有很大的羞恥感，衣服也穿得很保守，我幾乎都穿寬鬆的衣服與長褲。

國小時，我在公車上，遇到一個男的摸我的屁股，我動都不敢動，也不敢斥責他。下車之後，我痛哭失聲，而且完全不敢跟任何人，特別是我的媽媽說這件事。

我覺得我好像『髒了』，而且是我做錯了什麼才會發生這種事。所以，我不敢跟別人講這個經歷。

之後，我在學校遇到性騷擾時，我也不敢跟任何人講，因為我覺得這代表是我的錯，是我很糟糕；但是，事情越演越烈，結果我被侵犯了……這真是太可怕了，我只能一個人痛苦，不能讓任何人知道。

我覺得自己很髒、很噁心，沒有活在這個世界上的價值。於是，我開始自殘，甚至企圖自殺，想要殺掉這個很髒的自己……」

關於「性」與「身體意象」，女性有許多的限制與矛盾。

社會很崇尚「好身材」、「好長相」。大部分的減肥與瘦身課程、食品、整形醫美課程等，都是針對女性。女性的衣著，也比男性有更多強調身材、曲線的

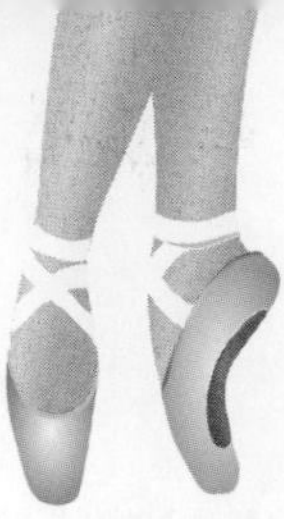

設計，包含內衣要爆乳，還有馬甲、腰夾、塑身衣等等。

這些產品傳達了一個重要訊息：「把自己的身體塑造得有吸引力，是女性重要的責任。」因此，電視上或路上，看見穿著性感、身材符合社會主流價值認為「很好」的，常會引來許多欣羨目光。

但是，或許女性可以穿著或身材性感，但卻不能明顯地引起性慾。

若引起男人的性慾，這些女性很有可能會被責備，或是被認為不是「良家婦女」，是「不檢點的、沒有教養的」；甚至當女性的身體被騷擾、被侵犯，更是時常會被責怪、被污名化，被認為是「這女人行為不檢、穿著不當、不拒絕」，才會發生這種事。

「引起性慾是羞恥的。」「身體被侵犯是羞恥的，代表自己髒了。」……這種對「性」的標籤，對女人的「守貞教育」，使得許多女性，既瘋狂地追求社會價值所謂的「好身材」，卻又矛盾地害怕自己的身體引來別人目光，甚至行為的侵犯。

當發生性騷擾，甚至性侵犯時（而女性比起男性更容易發生這種情況），**「身體的侵犯」是第一重傷害，但覺得自己「髒了」、「是不好的、不對的」，甚**

至懷疑自己「也應該負責任」，「別人一定會覺得我很糟糕」等羞愧感與想法，更是第二重傷害。

社會對女性有關身體與性的教育，讓女性覺得自己應該要身材好，但是也要守貞，否則就不是個「好女孩、好女人」；而這一切，都是為了保障未來那個唯一的男性的「權利」——結婚後的丈夫。

於是，在社會的「教育」下，女性對自己的身體並沒有太多自主權；而對自己身體、對性的探索與理解，更是男人專屬的權利與權力。

女性，只能為男性好好保持自己身體的「美好」與「純潔」。

有時候，最困難改變的，並不是社會，或是身邊的人對女性的看法，而是女孩們內化了這個「裹腳布」，把它用來綑綁我們自己的內心。

「文化纏足」的重要傳承：情緒技巧訓練過程

身為男性與女性，在社會上的角色需求與期待是不同的。社會對男性是「成就期待」——男性要有好成就、好表現，要能扛起一個家的經濟責任；因此男性獲得自我價值的方式，只要努力、有成就，他可以不需要學習太多與他人互動的技巧，不需要太有同理心。只要他有錢、有地位，他其實就有機會建立關係：朋友、愛情，甚至家庭。

而女性是不同的。在社會上，若你想要得到「好女人」的標籤，必然有以下的特質——溫柔體貼、察言觀色、善於照顧別人……這些特質，都是能「與他人產生連結」、「建立好關係」的特質。

也就是說，社會期待女性的部分，是希望她成為照顧好身邊的人、照顧好家庭的角色，這就是**對女性的「關係期待」——維繫好關係，比你成就你自己還要重要**。

而從母親，乃至於社會傳承的「文化纏足」，更是提醒：要維持好關係，你需要學會各種「情緒技巧」，才能在這個社會中生存。

這些傳承的情緒技巧是什麼呢？

察言觀色的技巧養成：在意他人的感受與評價

為了維繫好關係，把別人的感受放在前面當然是基本要件。必要時，犧牲自己的需求，也是正常的。

許多女性因而學會察言觀色，學會讀懂他人話語中的「弦外之音」與「背後的情緒」，而非照字面上的解釋。

例如：假設你身邊有個女同事，她因為生理期而肚子不舒服，你想要買個熱巧克力給她，於是你說了句：「我買杯熱巧克力給你，好嗎？」

這位女同事回說：「沒關係，不用啦，這樣太麻煩你了……」

當聽到她這麼說，你是會覺得「她不需要」而決定不買的人？還是會覺得「她其實想要，但只是不好意思」？

我演講有時會詢問大家這個問題。有趣的是，有較多的男性會選前者，也就是把注意力放在字面上的第一句：「沒關係，不用啦」；而有較多的女性，會把注意力放在字面上的後一句：「這樣太麻煩你了。」然後往下推讀：「對方其實不是不要，只是不好意思，怕麻煩我。」於是讀到了這句話背後的意思：「她其實想要，但是不好意思。」

有些人可能覺得不理解：「既然有需要，為什麼不能乾脆答應？而要這樣迂迴？這樣不是很麻煩嗎？誰猜得到？」

的確，如果我們能直接表達自己的需求，其實是讓我們的人際關係更順暢的方式之一。

但如果從小到大，我們都沒受過這樣的訓練，甚至被提醒：「直接說出自己的需求，是一種自私的行為。」當環境沒有讓我們有直接表達需求的空間，長大後，我們也不會有這樣的習慣，直接表達出自己的需求。

於是，**「學會委婉表達需求」，以及「學會察言觀色，聽懂別人委婉的表達，或是話語背後的弦外之音」，成為許多女性從小被訓練的能力之一**。

這很像是女性的「超能力」，也是女性在這社會生存的能力。當這天線總是得開啟著，就**使得許多女性變得很容易承擔他人的情緒**，與別人的情緒界限較為模糊。**過度在意他人的需求，當然也就很在意他人的評價**。

當我們把注意力都放在他人的感受與需求上，能用在自己身上的，就只剩下一點點，我們會很難感覺到自己被重視；於是，自我價值就在這過程中，耗損得越來越少。

當無法從自身得到足夠的自我價值時，我們會更拚命察言觀色，注意他人需求，去照顧與服務他人。藉著他人的肯定與稱讚，找到自己生存在這社會上的價值。

越在意他人的評價，自己的行動就越被他人控制著，自我感覺當然很難良好；於是，「被肯定」的短暫自我良好感覺過後，剩下的是，面對「自我價值低落」的空虛感：

「如果我不這麼做，別人一定不會喜歡我。」

於是，「察言觀色」成為一種能力，卻也成為對某些女性而言，想要擺脫的詛咒。

情緒界限的模糊：承擔他人的情緒責任，過度在意「和諧」

當我們擅長察言觀色，習慣把注意力放在別人的感受與需求上，很可能養成我們與他人的情緒界限模糊，而過度承擔別人的情緒責任。

我遇過許多女性（包含我自己在內），不只在意與自己親近的人的心情，甚至很容易被身邊的人影響情緒。即使對方不是熟人，只要他在我們的身邊心情不好，我們似乎就覺得應該要為對方做些什麼，否則……

否則就太無情了。

否則就太冷血了。

否則……

或許我們不能清楚知道自己擔心會發生的結果是什麼，但當感受到對方的情緒，我們總是覺得焦慮，覺得要做些什麼去安撫、照顧對方的情緒。即使什麼都不做，也會感覺到自己被影響而很不舒服，無法忽略。

這種情緒界限的模糊，與自我習慣性地縮小自我需求與忽略自我感受、放大別人有很大關係。

這裡提到許多女性會有這樣的特質，並非說這是個問題，而是一個現象。有些社交技巧、性格被塑造，很多時候是我們為了生存所衍生的「因應策略」；一旦發現「如果我這麼做，或許我能活得比較舒適、安全」時，這個因應策略就可能被發展並保留。

當環境需要女性多將注意力放在身邊的人上，若沒做到，可能會被責怪；或是不被肯定時，對女性而言，「習慣不注意自己，而把注意力放在別人身上，甚至犧牲自己」，是件常見的事。那麼，「情緒界限模糊」，當然也是正常的。

畢竟，要建立清楚的界限，需要有較為堅強、清楚的「自我意識」，要有願意為了自己發聲的習慣，要拒絕別人的侵犯……這些，都不是社會與文化主要訓練女性該擁有的特質。

取悅與順從：學會習慣內心的委屈

在必須察言觀色、溫柔體貼、在意和諧、情緒界限模糊的訓練下，不意外地，許多女性變得很善於取悅與順從。有些人會說這是「女性的武器」，但誠實地說，這不是武器，而是女性「生存的要件」。

有個女性朋友與我分享了一個經驗：

「小時候，我常常被大人說我臭臉、沒禮貌，但其實我只是沒有表情而已。我哥跟我有一樣的狀況，就是沒表情，看起來有點兇。我哥也不太喜歡跟親戚打交道，常常自己拿書坐在一旁，但大人不太會說我哥什麼，我媽還會幫我哥圓場：『這孩子只是比較害羞。』如果是我做同樣的事情，反而會被我媽念，說我臉臭、看起來很兇、很不屑，而我只是沒表情。

後來我開始訓練自己微笑，的確，大人比較滿意了。

但後來我發現『笑』這件事，好像變成我的反射動作，甚至是面具一般。笑著笑著，連遇到該生氣、該說『不要』的時候，我都不會了……」

有許多女性有「無法拒絕」的困擾，我自己也是。

記得剛出書時，收到許多演講邀約。當時的我，從沒有處理過這麼多邀約，完全不知道該怎麼辦。想要拒絕，又擔心別人對我印象不好，畢竟「這是別人給我的機會」……於是，牙一咬，全部都答應了，使得我那一年的工作量過載，身體健康也出了狀況。

當時的我，一想到要拒絕別人，內心就出現很深的焦慮感——在意別人感受，害怕別人失望、對我印象不好；對拒絕別人的要求有罪惡感，覺得自己「應該」要調整自己、配合別人……

後來我留意到，我時常取悅他人。若拒絕並重視自己需求，就會出現焦慮與罪惡感，這是我長期的習慣，甚至是一種反射動作，常常跑出來影響我的決定，讓我放棄自己的需求。

而我也發現，不管是工作或生活上，如同我有類似困擾的女性，所在多有。我才注意到：**這可能是一個文化、社會訓練下的生存法則，而非僅是一種個人特質**。

有些女性因過往成長經驗的訓練，慢慢習慣委屈、習慣被不公平地對待或忽

略。雖然被如此對待，充滿了許多抱怨與不安全感，但為了因應、安撫自己的不安全感，開始藉由「順從」的行為，甚至升格至「取悅」周遭人們的需求，來讓自己「被看見」，來證明自己有用、有價值。

也就是藉由認同那些可能正在壓迫自己的人的「需求」，縮小自己的需要，來讓自己安於這樣的「不公平」；並藉著取悅與順從，獲得被注意、被稱讚、被重視，以此方式，來讓別人、團體、社會接納自己，從而得到自己的一席之地。

對於有些女性而言，「犧牲需求與感受，以獲得好評價」是非常重要的，因為我們沒有被教導「如何無條件肯定自己存在的價值」，也可能從沒被這樣對待過。在這個社會裡，我們需要很努力，努力察言觀色，把自己的需求降到最低，以獲得更好的評價，獲得想要建立的關係，以及成為團體接納的一分子。

過往的「文化纏足」讓我們學到的經驗是：如果只「做自己」，不付出任何「犧牲與痛苦」，是不可能被這個社會接受的。

「重視自我需求」後，出現的罪惡感與羞愧感

在許多場合，我提到「重視自己的需求與感受」非常重要，也有許多女性讀者寫信給我，或在演講時向我反映，她們覺得當自己練習「重視自己的需求與感受」而拒絕別人的時候，內心會覺得非常焦慮不安，甚至很擔心自己「自私」。

當然，自私與自愛是有一些不同的：**我滿足自己的需求與感受，這只是自我照顧，並非自私**。若我們強烈希望，要求別人來照顧並滿足我們的需求，如果對方不從，我們就用很多方式懲罰別人，這才是所謂的自私。

不過，即使這麼解釋了，我發現，許多人面對「重視、表達自己的需求」後的焦慮不安，仍然時常不知道該怎麼辦，那些焦慮也沒辦法如此容易被消除。

有時當焦慮過大，更會促使我們放棄「想要照顧自己需求」的念頭，轉而焦慮地趕快「滿足別人的需求」，以此讓自己的焦慮解除，感覺才能好受一些。

只是，那些焦慮，究竟是什麼呢？

實際上，那些焦慮，就是我們對於重視自我感受與需求所衍生的「罪惡感」與「羞愧感」。

問題是，那是怎麼來的呢？

罪惡感

很多時候，**罪惡感的根源，是來自於「被壓抑的憤怒」，以及被灌輸的那些「應該」**。

品雯的母親，在品雯小時候，情緒不太穩定，時常會對品雯抱怨爸爸不夠關心她，認為自己為這個家、為品雯付出很多，覺得自己很可憐、不被在乎。

「要不是因為有你，我早就離開這個家，才不會留在這裡受委屈。」於是品雯從小就知道自己需要對媽媽多付出一些關心，因為媽媽的不開心，是自己的責任。

當品雯上大學後，有時會與同學一起討論報告到比較晚，也會有一些社交活動。媽媽感覺到品雯把重心放在別的地方，覺得很不高興。

於是在某一次品雯要出門參加系上活動時，媽媽冷冷丟了一句：「好啦，你就出門好好玩，把我丟在家裡就好了……說不定，你回來就看不到我了。」

品雯聽著媽媽的話，覺得非常痛苦。

從小到大，這樣的威脅，她聽得不少，而多半她都會屈服。品雯的好友知道品雯的狀況，也建議品雯，必須要練習讓媽媽獨立，而不是一直依靠品雯，否則品雯一輩子都不會有自己的人生。

品雯知道自己繞著媽媽轉的生活並不快樂，但是，看到媽媽孤單的身影，又覺得如果自己不管媽媽，拒絕媽媽的要求，是不是真的太殘忍了？

實際上，對於媽媽的「情緒勒索」，品雯是有憤怒的。品雯隱約覺得留在家庭是媽媽的選擇，而媽媽卻要品雯承擔這個責任，要求她要為媽媽的需求而活，不能有自己的生活，這讓品雯覺得生氣。

但對於媽媽對自己的照顧、可能的犧牲，自己是感謝的，而品雯也愛著媽媽，再加上，面對媽媽，「自己不應該覺得生氣，否則就是不孝」；因此對於自己所出現的憤怒，品雯產生罪惡感，覺得自己「不應該」對她憤怒，甚至害怕自己的拒絕，會讓媽媽失望，而媽媽的失望，會讓品雯覺得自己「不好」、「是不是做錯了事」。

這種因「被壓抑的憤怒」所延伸、出現的罪惡感，在這類情況下相當常見。當我們覺得自己「不應該憤怒」，似乎「應該」要按照社會、他人的期待去做時，內心有個「自我規訓」的聲音出現，於是「希望堅持自己的需求與感受」的想法，就會被責備，我們也就會出現習慣性的，有時並不合理的罪惡感。

羞愧感

若我們在成長經驗中，有過這樣的經驗：提出自己的需求或沒有滿足別人的需求後，被大人責備，被認為「任性」、「不懂事」、「不聽話」、「不替別人著想」、「自私」等。讓我們感覺，有自己的需求或拒絕別人，是「不應該的」，是「自己不好」、「很丟臉」。長大之後，當我們提出自我需求，或是拒絕別人的要求時，就可能讓我們出現很深的「羞愧感」。

特別是從小需要照顧弟妹，甚至需要照顧父母的女兒們，習慣犧牲自己，沒有被照顧的經驗，因此自我價值較低，更容易會有這樣的感受，覺得提出或滿足自身的需求，甚至拒絕別人，是給別人添麻煩、很自私的行為。若這麼做，會讓我們覺得自己很糟糕、很丟臉。

於是，為避免這種「害怕造成別人麻煩的羞愧感」，我們恥於提出自己的需要。一旦有人為我們做了什麼，我們會擔心「欠了人家」、「給人添麻煩了」，甚至感恩涕零而湧泉以報，犧牲自己，在所不惜。

羡慕與嫉妒的掙扎

當我們不敢相信自己是好的、是有價值的，卻又必須努力，以向別人證明：「我們是有存在的價值」時，會發生什麼事呢？

那會讓我們的內心，有著極大的匱乏感與不安全感。

許多女性，窮其一生不停照顧別人，卻從來沒有得到別人給予同樣的愛、重視與疼惜。我們不敢說出自己的需求與被愛的渴望，於是，我們以為就是這麼拚命做就好了。

拚命做就可以被看見。

拚命做就會被重視。

拚命做就可以得到稱讚。

拚命做，就可以得到愛。

我們拚命地付出，卻得不到自己內心深處的渴望。這讓我們的不安全感越來越深，但我們卻沒有學習到新的因應模式來面對這個不安全感，而是拚命要求自己：

「**那或許是你做得不夠多，是你不夠好。**」

我們帶著這個不安全感，帶著害怕不被重視，甚至是失去愛的焦慮，戰戰兢兢、如履薄冰，使出渾身解數地面對自己的每段關係，以維持夠好的關係，避免關係失敗所帶來「我不夠好」的羞愧感。

於是，就可能衍生出兩個非常重要的情緒：羨慕（envy）與嫉妒（jealousy）。

羨慕與嫉妒的情緒，似乎人人都有。有時，兩者難以分辨。

但羨慕與嫉妒的情緒，大多與「自卑感」有關。當我們感覺到對方擁有我們很想要的優勢能力，而我們感覺到低人一等時，我們會感覺到羨慕、嫉妒，伴隨而生的可能是感到自卑、覺得自己不夠好的羞愧感。

面對這個羞愧感，有些人會吞下去，成為鼓勵自己的力量——「好，那我要努力，變得更好！」有些人則可能會因而「惱羞成怒」，出現憤怒、不公平的感覺，轉而攻擊讓自己感覺到羨慕、嫉妒的對方。

嫉妒與羨慕的不同，是在「獨占性」

羨慕與嫉妒，許多人以為嫉妒多半是更惡意的，但實際上，嫉妒與羨慕的不同，是在「獨占性」。嫉妒多半是與第三人有關，例如吃醋、手足競爭（彼此爭奪父母的愛）等，一旦對方得到第三者比較多的愛與資源，自己覺得可能會因而得到比較少、無法獨占，就比較容易產生嫉妒的情緒，也容易衍生攻擊的反應。

但對於許多女性而言，面對這個羨慕與嫉妒的情緒，事實上是充滿掙扎的。我們可能容易羨慕、嫉妒別人，卻又害怕被嫉羨；但有時，我們又忍不住比較，

下意識需要確保我們是隱隱「被嫉羨」的，以確認自己的安全感。

怎麼說呢？

因為內心匱乏的不安全感，我們時常會感覺到自己「不夠好」。要確認自己夠不夠好，就要有「標準」，讓自己能夠不停往前努力；或是比較過後，確認自己「比較好」而覺得「安心」，以求暫時性的「自我感覺良好」來得到安全感。

所以，**我們需要比較，確定「我比較好」**；或是，比較之後，感覺到自己羨慕別人，因此確定還可以往怎樣的方向努力，以獲得別人羨慕的眼光。

默默的嫉羨與比較

但是，這些嫉羨，必須是「默默的」。我不想讓別人發現我的嫉羨，因為這樣很難看；我也不想承認別人嫉羨我，因為這代表我必須承認自己「比較好」，我怕別人覺得我傲慢、自以為是。

我也不相信自己有這麼好、害怕「變偉大」，所以，我不承認我會被嫉羨，也不想被發現自己會嫉羨別人。

但，我停不住與他人比較。比較擁有的東西，比較完成的成就，比較做到的事情相差多少……我必須靠著比較，去彌補「我不相信自己有存在價值，有被愛價值」的這件事，必須靠這樣，確認我在這個世界上是有一席之地的。

我只能靠著比較來證明我自己。因為我怕自己不夠好、不夠有用，而這代表：我會失去愛。

這種擔心自己「不被重視」的感受，產生了「失去愛的焦慮」，使內心有很深的匱乏與不安全感。為了安撫這個不安全感，只能選擇「比較」，藉此「感覺自己比較好」，讓自己得到暫時的安心，或是「感覺自己不夠好」來督促自己變得更好。

於是，我們像希臘神話中，每天不停重複推著巨石的薛西弗斯，陷入了重複而無意義的比較，卻停不下來；陷入了羨慕與嫉妒的掙扎中，不安地抓著「藉由比較，讓自我感覺稍好一點」這唯一的浮木，漂浮在這茫茫大海，不知道可以往哪裡去，不知道是否有靠岸的一天。

也不知道，是否有「讓所有人滿意，讓自己也滿意」而感覺到「夠了」，可以「停下來」的一天。

於是，一路上從這些「文化纏足」的訓練中，女孩可能學會了：

在社會生存，我需要學會順從、取悅別人，要懂察言觀色，要在意別人評價，讓別人評價我是「好的」；我需要維持好的關係，需要找個男人建立關係，建立家庭，這會比我工作能力多強還要重要。這樣，別人才會覺得我是好的，而不是失敗者……

於是，女性漸漸學會將自主權交給別人（男人）——經濟、生活、自我定義。

經過這樣的「文化纏足」後，我們踏入愛情，開始想要找尋「那個對的人」——能夠完整、圓滿我生命的人。

而帶著「好女孩裹腳布」進入愛情當中，我們又會面對怎樣的期待與限制，遭遇什麼困難呢？

輯三

愛情的裹腳布：缺乏安全感的女孩們

從此過著幸福快樂的日子——童話故事的美好結局？

離開了原生家庭，女孩們開始尋求屬於自己的、獨一無二的關係，首先會先投入的，就是愛情關係。

當我們帶著從原生家庭與社會所經歷的創傷，長期將自我縮小，背負著太多「應該」的責任與角色的期待，以及對愛與關係的渴求——如果社會期待著，成為一個「好女人」就是代表要有良好的關係——那麼，我們很難認為，人生靠著自己就能圓滿。

於是，我們需要找到另一個人，特別是男人，來讓我們奉獻、付出，以獲得他的肯定；也需要他來愛我們、照顧我們、保護我們，滿足我們渴愛的心。

不論是我們的全部犧牲，或是乞求對方給我們全部的關注與愛，都是為了證明：

藉由與這個男性的連結，我們也與這個世界連結，我們相信：我的自我價值，唯有靠這段關係才能獲得；我的存在，唯有靠這段關係，才有意義。

或許你我身邊，或自身有過這樣的經驗：

明明你是個獨立、能夠照顧自己與別人，有許多興趣與朋友的人，但不知道為何，當你一談了戀愛，立刻六親不認，注意力都在對方身上，而且亟需對方全心全意地關注你，否則你會擔心「他可能不夠愛你」。而這個「可能」，會讓你的美好世界崩塌。

明明在這之前，沒有這個人在身邊，你也活得很好，甚至可能一開始是男方較為積極，你反而有所保留；但為什麼進入一段關係後，你變得失去了**最熟悉的你自己**？

可能，你痛恨著自己的無用，卻無法控制自己的內心，深深感覺到自己的情

緒，被對方的一舉一動影響、牽動。

你發現內心對於愛情關係，一直有個期待：

「我是否能找到一個人，可以包容我、愛我，視我為獨一無二，然後——從此，我們過著幸福快樂的日子？」

女性追求自我認同的方式，時常是「親密關係」

「女性一心一意追求愛情關係」的故事，你、我可能都不陌生。被「文化纏足」訓練過的女孩們，習慣將注意力放在別人身上，相信自己可能是不夠好的，覺得自己可能無法成就自己，使得女性追求自我認同的方式，時常是「親密關係」——藉由得到愛，才能確定自己的價值，這使得女性更容易把注意力放在「追求一段親密關係」上。

此外，在過往家庭與童年成長經驗中，缺乏被完整關注、照顧與被愛的經驗，使得許多女性，會將追求這種童年所匱乏愛的感覺，轉而在愛情關係中滿足。

因為，愛情關係的愛，與我們期待父母給我們的愛，有部分類似的特質，那就是：

獨一無二。

我們期待自己在父母或他人的眼中，是獨一無二、不可替代的。我們也希望父母愛我們，就是我們原本的樣子，而不是因為我們要表現有用、有幫助，才代表我們有價值。

若在成長經驗中，有主要照顧者願意給予這樣的獨一無二與無條件的愛與保護，我們將有較大的安全感，以及對自己和這個世界的信任感。

當有機會完整感受這樣的愛時，我們會相信自己的價值，會懂得珍惜自己，也會願意相信自己擁有一些能力，可以完成自己的需求與夢想。我們也更能清楚知道：我的人生不是用來犧牲、用來滿足別人的需求；我不會因此受到懲罰，也不會因而產生罪惡感。

但若我們沒機會感受到這樣的愛，而是不停地感受到「必須犧牲自己來滿足別人」，感受到別人對自己沒有太高的成就期待，感受自己必須擁有一段關係，才是成功、有價值的——

我們就會想在愛情中，找尋、填補那些我們不曾擁有的。

那些獨一無二、無條件的愛。

但，**為了滿足過往匱乏的需求而去建立的親密關係，若我們沒有意識，很容易讓人陷入一種「強制性重複」的窘境當中：**

我們不停重演，那些在生命中令人痛苦的「愛情劇本」。希望有一天，它能有不同的結局，能夠療癒我們之前的創傷，滿足我們一直以來對愛的期待與不安。

只是，在愛情中，真有辦法填補我們童年成長經驗所匱乏的空洞嗎？

追求全心全意為了彼此的愛情關係

小菲談了幾次戀愛。每一次戀愛，小菲都覺得這個人就是自己的「靈魂伴侶」，於是，小菲非常認真經營每一段感情。

為了對方，小菲很願意調整自己去配合他；原本在工作上非常盡心，時常加班的小菲，可以為了配合對方的時間而提早下班、請假，假日當然也都是空給對方的。

每當戀愛沒多久，小菲就會很想與對方共度兩人世界，於是會邀請對方來自己租賃的套房過夜，或是去對方的家中過夜。最後，暫住變久住，小菲也開始擔起幫對方打掃、煮飯、照顧對方起居的責任。

當做著這些事，兩人生活也越來越沒有界限時，小菲會有一種朦朧的幸福感，覺得自己好像抓住了幸福，對方應該會和自己長久吧。

但沒多久，對方會開始有一些微詞，對小菲表達：「我們之間似乎太黏膩了，我想要一點個人的空間。」或是把時間花在工作、朋友的聚會，及自己的興趣上，拉遠與小菲的距離。

對於對方拉遠距離這件事，小菲感覺非常不安，因此她會開始詢問對方去哪裡、做什麼，甚至奪命連環叩，不停打電話、傳訊息給對方，甚至變得很容易嫉妒、懷疑對方，是不是劈腿有了別人，甚至不愛自己了……最後，對方總是不堪壓力而決定離開。

小菲不懂，為什麼對方總會提出「需要自己空間」的要求？為什麼對方總是不能如自己一般，把注意力放在這段感情、放在對方身上？小菲覺得自己為了他、為了這段感情付出那麼多，為什麼他總是不懂得珍惜？

而一段戀情結束後，小菲急於想找朋友聊聊這段感情發生的事，但是小菲也發現，戀情一結束，自己一大部分的生活也空洞了。

小菲發現自己已經很久沒有獨自去旅行、看看書、聽聽音樂，或是上一些有興趣的課程，那是小菲在談戀愛前很喜歡從事的活動。小菲也發現，自己很久沒有與朋友聯絡或聚會。談戀愛後，朋友每次邀約，小菲總是找理由推掉，因為她想要保留時間給男友。

當戀情結束後，小菲試圖想要與朋友聯繫，朋友卻變得冷淡，而不想回應。有個好友甚至對她直言：「你就是有異性，沒人性。這樣真的很糟糕！」

面對自己不停重複的愛情模式，小菲感到疲倦而受傷。

每結束一段戀情，小菲就覺得：有一部分的自己，硬生生地從身體中被扯掉。隨著一次次感情的挫折，小菲覺得自己越變越小，更把注意力放在男友的一舉一動，試圖迎合。

小菲覺得自己對男友越來越卑微，但做得越多，卻往往得到越來越糟的結果：對方總是忍受不了她的不安全感、占有與控制欲，於是決定離開。他們對小菲說的話，對待小菲的方式，也越來越過分、殘忍。例如罵小菲下賤，說她沒人要，甚至罵小菲三字經，要小菲下跪道歉……

但是小菲痛苦地發現，就算他們對自己罵出很難聽的話，做出很過分的行為，小菲卻只希望他們不要離開。只要他們不離開，要她做什麼，她都願意。後來，小菲發

現自己開始會自殘，會在與男友吵架完，用刀片割自己，或是吞藥。男友罵她：「不要再騙了，你再裝可憐啊！」

小菲忍不住自問，自己為何被輕賤到如此地步？難道是因為，自己真的是個很糟糕、不值得被愛，甚至不值得活在世界上的人嗎？

離不開的關係

你、我或許時常看到小菲這樣的女性（甚至可能，你就是小菲）。各方面條件都不差，但在談戀愛時，完全陷入愛情當中；追求著「全心全意」的愛情關係，只要談了戀愛，「天地化為零」，沒有什麼事情比另一半，或是比與對方相處還要重要。

但是這樣的女性，卻似乎很容易遇到對她不好的伴侶，而且就如「鬼遮眼」一樣，離不開對方。就算對方對她非常不好，甚至言語、肢體暴力、精神虐待，她都不會離開。

最後，這個女生身邊的所有人都因為看不下去，勸也沒用，而決定離開這個女生身邊。於是，這個不好的關係，更成為她唯一賴以為生的關係，她更不敢放棄，也不敢改變。

即使她很痛苦。

小菲為什麼會這個樣子？

「自己不夠好」的傷痕

有些女性對於自身的價值是不確定的，即使外在表現再好，對於已經帶著「好女孩裹腳布」的女性來說，獲得男人的愛與穩定的關係，才是「肯定自我價值」的重要關鍵。

從來，她以「他人的幸福」為自己的意義來源，也以此爭取父母有限的重視與愛；卻從來不知道，什麼是被好好尊重、疼愛、關心的感覺。

因此，當她進入一段愛情關係，會期待可以重寫自己的童年劇本，希望靠著付出、犧牲，來換得對方「全心全意」的愛與重視。但是，如小菲這樣的女

孩，從小到大沒有「被好好對待」的經驗，只有不停地爭取「被重視」、「被看見」、「被認為有用」，以證明自己價值的經驗。當遇到對自己不好的人時，曾被好好對待過的人，很快會注意到自己的感受，留意目前的狀況不對，於是，不會讓自己委屈太久，就會逃之夭夭；但一個沒有被好好對待過的人，**她在不健康的關係中，是很能「忍耐」的，而且一直抱著「只要我好好表現、努力改變。也許，有一天，他會變得不一樣，對我也會變得不同」的心態**。

期待能重新獲得愛、重新被認可，那個自己總覺得不夠好的「小女孩」，可以因為她的努力而被接受、被愛，成為某人心中的獨一無二。

「於是，我才真能相信自己是有價值的。」

對於離開一段關係，她會感覺害怕。因為帶著「好女孩裹腳布」，沒有被好好對待的過程中，自我被貶低，使得她不相信自己是值得被愛的，所以想到要分手，要離開這個人，會覺得極為害怕：

「如果我離開這個人，會不會找不到愛我的人，孤老一生？」

所以，她寧可留在一個對待她不好的人身邊，等到狀況真的完全失控，甚至傷害已經造成時，這段關係才有機會結束。

而如小菲一般的女孩們，即使離開了一段受傷的關係，仍可能會繼續下意識地「重演自己的童年劇本」，繼續追求全心全意，為了對方而活的愛情關係，以全心的犧牲、奉獻來取悅對方，換得對方的肯定，以證明「自己是值得被愛的」；甚至，因為太在意對方評價，面對對方的錯待或傷害行為，小菲更離不開，更認為「自己很差，所以對方才會這樣對我，那我要努力做得更好」，卻沒發現這可能是因為對方覺得「不管怎麼對你，你都能承受」而產生的行為。

這樣奮不顧身、飛蛾撲火地追求愛的態度，常讓我們遍體鱗傷，卻更覺得「自己不夠好」，而勉強自己做更多犧牲。那畫面就像是：你全身帶著傷，裹著傷口的布條還在滲血，卻為對方奉茶，只為了博得對方一笑。

用這樣的傷痕與犧牲換來別人的愛，真的值得嗎？而我們，又真能在這過程中，相信自己是「值得被愛」的嗎？

在過往家庭與童年成長經驗中，缺乏被完整關注、照顧與被愛的經驗，使得許多女性，會將追求這種童年所匱乏之愛的感覺，轉而在愛情關係中滿足。

「你要無條件地包容我」？——沒有長大的女孩們

小琴每進入一段戀愛關係時，都覺得既期待又怕受傷害。她會將注意力都放在這段感情上，可以停下手邊所有的事情專心談戀愛。當然，她也希望對方用同樣的方式對她。

一開始，這個戀愛總是很熱情。小琴能感受對方在這段感情經營所花的時間，與她所差無幾。但隨著時間拉長，小琴會感覺到對方慢慢回到自己的生活裡，這讓小琴覺得對方「拋棄」自己了，因此非常地崩潰。她會檢視對方與自己相處的所有行為，並且責怪對方不夠認真地對待她與這段感情。

小琴認為，雖然自己的情緒起伏大了點，或在脆弱、身體不舒服時，比較需要陪伴，但她覺得自己不太喜歡麻煩朋友、家人，而因為另一半是特別的，她才會將自己的脆弱暴露給另一半看到。但當對方沒辦法包容她的情緒，配合她的需求時，她忍不住就會覺得另一半太過自私，不夠愛她。

面對小琴的要求與標準，小琴的另一半常覺得小琴太過嚴苛而壓力很大。

有一次，小琴因為感冒，很希望另一半推掉公司的聚會，在家陪伴自己。但另一半告訴她，這個聚會非常重要，而且他很早就告訴小琴，這次會有公司大老闆來參加，自己不可能不在。

聽到對方這麼說，小琴崩潰了。她非常生氣、失望，她覺得自己不是個任性、亂提出要求的人，自己是因為有需要才提出，但在自己如此需要的情況下，另一半居然拒絕了自己。

她哭著對另一半說：「我覺得你很自私，只在乎自己的需求。」

幾次下來，另一半提出分手。

「你希望你的伴侶全部要以你為主，不能有自己的需求，在你需要的時候，一定要能配合你，否則你就會大發雷霆、大哭大鬧，責備我是一個自私又糟糕的人。以

前，我覺得你是個獨立自主的人，但跟你談戀愛之後，我發現你根本是個小嬰兒。你要找的不是伴侶，而是能夠無條件包容你、照顧你的父母。我覺得很累，做不到你的要求。和你在一起，被你責備，讓我覺得自己是一個很糟糕的人。戀愛不是這樣的，我不可能成為你的爸媽。」

聽到對方這麼說，小琴覺得又震驚又受傷。

自己真的這樣嗎？想要另一半全心全意地愛自己、包容自己，真的是很過分的要求嗎？

愛情成為滿足童年情感匱乏的解藥

有許多女性，就與例子中的小琴一樣。可能一直以來，都是一個「不希望造成別人麻煩」的人。

會成為這樣的人，可能是因為在成長經驗中，父母不在身邊，或許被期待要照顧弟妹或照顧大人的需求與心情、要善體人意，必須要能夠盡早獨立，必須以

「我要表現得很好，能夠照顧自己」的方式與大人互動，不要有情緒或讓大人感到麻煩，否則父母或照顧的長輩，就會露出厭煩或拒絕的臉，甚至可能會大罵、打人。

在「文化纏足」的過程中，過早被訓練順從，學會看人臉色，以別人的情感需求為主的同時，這些女孩內心仍然很渴望被愛、被照顧，被無條件地接納。因此，在進入與親情類似，具有獨一無二感的愛情關係時，有些女孩，可能開始無意識地想要找尋一個「可以無條件愛我的父母」，而不是共度一生的伴侶。

與小菲的例子不同，像小琴這樣的女生，可能會覺得「另一半需要經過我的信任考驗」。

當另一半經過信任考驗，進入小琴的「親密信任圈」後，小琴可能會從一個對外非常善體人意、獨立自主的女性，變成一個任性、很需要對方照顧的嬰孩，並且不停檢視、挑剔，甚至考驗另一半的行為，以確定：「對方是不是真的可以愛這樣的我？就算我很任性、很糟糕，他也不會放棄我、丟下我？」

她們用嬰孩的方式，索求無窮無盡的關注與愛，只是為了證明：「就算是這樣的我，也值得獲得無條件的愛」，或者更多的時候，想要證明：「你是我可以

放心信任、放心愛的人，你可以接受最糟糕的我。」

只是，這對另一半何其不公平。

誰想要與一個隨時需要被照顧、被滿足需求，不被滿足，就大吼大叫、責備自己的「巨嬰」交往呢？當對方受不了，轉身離開時，小琴又會崩潰不已：「沒有人可以愛、接受這樣的我。」

但是，由於這實在是小琴太過熟悉的人生劇本，**藉由這種重複的模式，小琴雖然受傷，但卻因為熟悉感而覺得安心**，更確定：「真實的自己是一個不值得被接納、被愛的人。沒有人受得了這個我，就跟我的父母一樣，最後總是會拋棄我。」

這是很令人難受的一件事。

被迫愛上性侵者的女孩

小如的鄰居家有一個大她七、八歲的大哥哥，成績很好，個性溫和、有禮貌，相當受到左鄰右舍的稱讚。

小如的父母工作很忙，小如常得一個人在家，而小如家與鄰居家交情很好，所以有時她放學後，鄰居阿姨，也就是大哥哥的媽媽，會讓小如先在他們家待一下，準備些小點心給小如吃。大哥哥也會順便指導她回家要寫的功課，於是小如功課都寫完了，爸媽也不用擔心。小如父母都很感謝鄰居家與大哥哥對小如的照顧，小如也非常喜歡這個對待她很溫柔、很照顧她的大哥哥。

只是，小如在小學五年級時，發生了一件事。原本小如去鄰居家時，和大哥哥都在客廳做作業。當天放學到鄰居家，阿姨剛好不在，只有大哥哥在家。大哥哥把小如叫到房間做功課。當小如寫功課時，發現大哥哥的手肘好像有意無意地碰自己的胸部，另一隻手也放在小如的大腿上。

小如的制服是裙子，這讓小如覺得有點不太舒服，但是又想著大哥哥應該不是故意的。自己如果有什麼反應，是不是太敏感了？而且可能會讓大哥哥很受傷，所以小如什麼都沒說。

等功課做完後，大哥哥突然對小如說，想不想知道男生與女生不一樣的部分是什麼？小如不懂大哥哥問的是什麼，所以就傻傻地點頭說：「想。」然後大哥哥就露出自己的性器，要小如撫摸，大哥哥也撫摸小如的胸部與下體，跟小如說：「這就是我們不一樣的地方。」

在那個當下，小如有點嚇到。後來鄰居阿姨返家，大哥哥迅速整理好兩人的衣服，並問小如：「哥哥有沒有都對你很好？」小如點頭。

大哥哥便要求小如：「所以你不可以跟別人說。這是我們兩個人的小祕密。」

回家之後，小如越想越覺得不對。她覺得很羞恥、很丟臉，好像自己髒了；但是，自己當下沒有拒絕他，而且當大哥哥摸自己，自己好像也有感覺，所以這樣的自己，好像也有不對的地方。於是，小如沒有跟任何人說這件事，但後來，她沒有再去鄰居家，而是跟媽媽要求，下課要去附近的安親班。

當父母與鄰居阿姨問起，她只說：「因為同學都在安親班，一起寫作業、上課比較好玩。」

這件事，就成為她深埋心中的祕密。

後來，在小如上高中時，學校上到性別平等教育。小如想起這件事，發現自己當時似乎是被大哥哥「性騷擾」，身體是被侵犯的。於是，她鼓起勇氣，跟父母說了這件事情。

父母聽到，一開始先說：「你那時候怎麼沒有講？」小如回應：「我那時候搞不清楚，大哥哥也叫我不要講。」

後來父母靜了一下。媽媽說：「事情過了，你也沒怎樣，還好只有一下下。」爸爸突然開玩笑說：「那個男生大學考上第一志願，家裡又是開公司的，太可惜了，你差點就成為老闆娘。」

面對父母的反應，小如覺得失望又受傷……

但當爸爸這麼說時，小如忍不住想著：「對呀，我那時候對大哥哥印象也不錯。如果當成我們互相喜歡，這個經驗，是否就不會這麼受傷？」

※ ※ ※

上了大學，小如與系上的男同學交往，兩人成為系對，感情很好。有次小如選修一堂系外的課程，認識了一個系上的學長，因為那堂課只有他們兩個同系，所以被分到同一組，要完成一份報告。

學長人很親切，也很照顧小如，而且相當優秀，是他們系上的書卷獎得主，小如覺得自己實在太幸運了，因為這堂課的教授是有名的嚴厲，可以跟學長一組，報告壓力變小不說，還可以學到很多東西。

交報告的前兩天，兩人一起在學校奮鬥。完成報告之後，由於都還沒吃飯，學長說：「我和系上同學合租的住處就在附近，這時間，他們應該都在。我弄個義大利麵，大家一起吃，慶祝我們完成這個不可能的任務，也介紹你認識阿威學長和阿玲學姊，他們人都很好，以後有問題，你也可以請教他們。」

小如想了想，由於報告提前完成，自己似乎還有一點時間，也覺得學長幫自己這麼多忙，拒絕學長的邀請，好像有點不近人情。因此，小如答應了。

沒想到，去了學長家，學長的室友都不在，而小如，就被學長強暴了。發生事情後，學長抱著小如，對她說：「我真的好喜歡你，才會情不自禁做出這樣的事情，你跟我在一起好不好？我一定會對你很好很好……」

小如覺得天崩地裂，她沒想到，一表人才、許多人崇拜喜歡的學長，會對自己做出這樣的事情。發生了這個事情，她覺得自己髒了、好糟糕，內心裡有一個部分完全空掉。她不知道自己是怎麼離開那裡，也不知道自己是怎麼回到家的。

男友的電話，小如一直都沒接，她也不敢把這件事告訴男友與身邊的人。小如一直覺得，「第一次」應該是要給自己喜歡的人，卻這樣失去了，自己似乎變成一個有污點、不完美的人，也配不上自己的男友了。

她痛恨自己沒有防備，覺得都是自己的錯，但又忍不住想：「是不是像學長說的，真的是因為他很喜歡我，他才會對我這樣？既然我都已經這樣了，是不是就跟他

在一起好了？」

小如突然覺得，學長條件很不錯，愛上他，好像也不是很難的事情。如果自己就這樣愛上他，與學長在一起，那麼，發生的這件事，好像就沒有這麼不堪、醜惡，自己好像也沒這麼髒……

是霸氣、情不自禁的愛，還是侵犯？

許多「霸氣總裁vs.小資女」、「霸氣校園偶像／明星vs.平凡小女孩」的偶像劇、言情小說等等，似乎是建構許多女性對愛情想像的「入門教材」，而《白雪公主》、《灰姑娘》、《睡美人》這些故事，也成為建構想像愛情世界的推手之一。問題是，這些故事，似乎都在傳達一個價值：

男性需要有很好的外在條件，當他擁有這些條件時，也許他平常可能對女性不假辭色，態度、口氣不好，但他只要有機會，流露出一點溫柔，甚至在他喜歡的時候，他不需要說出口讓對方知道、問問對方是否能接受，他只需要用行動表達：趁對方睡覺的時候親吻，把對方壁咚或是抓過來親，一把將對方抓過來抱著……

如果以「性別平等教育」的角度來看，「不經對方同意，未確認對方意願而進行的身體接觸」，其實就是「性騷擾」。

「我喜歡她，但我是硬漢，所以說不出口。」這句話可能是這些男主角會理直氣壯說的話。而**這個社會，對於「因為我喜歡她，但，我是硬漢，說不出口，所以我用行動表達」的這件事情，是相當寬容的**。

尤其是當男性本身外在條件、社會地位，是主流價值認為的「好」的時候。

例如，如果今天一個風靡國中或高中全校的帥氣老師，特別關注班上的一個女同學，特別會找她到辦公室複習功課，或是請這個小女生幫忙，告訴她：「這件事情，我只能麻煩你，因為你能力很好／我只信任你……」之類。而當兩人單獨相處的時候，這個老師突然親了這個女同學一下，然後跟女同學很抱歉地說：「對不起，因為我情難自禁……」

女同學的內心可能會充滿各種矛盾與困惑。她可能是崇拜、敬慕老師的，但或許並未產生「希望與老師當男女朋友」的情愫。而現在，**一個被大家崇拜的「權威者」，對自己做出「似乎不會對其他人做，只會對我做，因為我是特別的」的事情，這種「被權威認定、肯定」的感覺，就如同許多女性一直在追求的「被肯定感」**，會讓她們誤以為自己是好的、有價值的，且對於權威的「習慣服從，並忽略自己的感受」、「不會拒絕」，使得她們對於發生這樣的事情，感覺是困惑的：「我覺得好驚訝，好像覺得有點怪怪的，可是好像不可以責備老師，因為他喜歡我。」

那些關於愛情故事的建構，例如「又帥又有愛，做些稍微主動、積極的行動，即使有點侵犯我身體的主權，沒有確認我的意願，也是可以被原諒的」，以及對「權威」的情結，使得這個「不舒服」的感受，可能莫名其妙地被壓抑了下來。

然後，對於這些男性來說，這個侵犯被默許了，而行為就可能會逐漸升級。

女性長期被訓練接受「不尊重我們意願的愛」

在現代社會中，「男性主動接觸女性的身體而未確認女性意願」的狀況，原比「女性主動接觸男性身體而未確認對方意願」的狀況多很多。而女性「對於愛的錯誤想像」，例如認為「被優秀的男性接受」是一種被肯定的事情，這代表「自己很好」，會讓有些女性容易忽略自己的感受與意願、勉強接受這種被侵犯的情況，因為許多女性習慣壓抑、委屈自我感受與意願來配合權威的需求；這也使得男性比女性更容易用「權力、地位」達到這樣的目的，將慾望包裹在愛與權力當中，做出這些曖昧不明的行為，然後「以愛為名」。

這些媒體的傳達、權威的情結，導致我們時常看到的，許多性侵行為出現的辯解之詞：「我們是真心相愛，但不知道為什麼她說我性侵。」

這種「雖然他沒有尊重我的意願，但他表現出愛的行為，這其實就代表他愛我吧？」會被女性接受，的確與「文化纏足」——這些「文化的訓練」有關。

如果在家庭、社會、職場與學校裡，女性受到的訓練，都是要接受「不尊重我們意願的愛」。例如：「我罵你，是因為怕你以後出去社會被瞧不起。如果我

不愛你，我才不管你。」或是爸媽的打罵羞辱，要求女性按照父母的期待去做等等，都被當作「雖然不尊重我的意願，但其實是想讓我變成更好的人」的角度被理解，那對於「愛」的想像，當然會變得扭曲，變成：

「如果這個人是愛我的，而大家都說他是好的。那麼，他的行為，就算讓我不舒服，應該還是可以被接受的吧？」

甚至，因為長期的訓練，使得很多女性覺得「自己的價值來自於有沒有男人愛我」，因此遇到這樣的事，有些女性會覺得：

「能有人愛我，特別是條件好的人愛我，代表我的價值是好的、是特別的吧？」

這種愛的心情，非常複雜，就像「不是原本自己想要吃的東西，卻被強迫塞入」，此時女性只能安撫自己：「這也不難吃，而且對身體、健康好。如果我吐出來，對方會難過。而且對方會花時間這樣『照顧』、強迫我，代表他在乎我，代表我是重要、是好的。」為了對方的心情，接受了這份「好像對自己好」，實質上是一種侵犯而不尊重的愛。

是「情難自禁」，還是「設下陷阱」？

有些男性對女性做出侵犯身體的行為時，會對女性或對外說：「我是因為情難自禁」或「我以為她對我也有好感」。但以大多數發生性騷擾，甚至性侵的事件，觀察其過程，多半一定先從「試探」開始。

這些男性不太會確認女性「是否會不舒服」，但是**會確認對方「是否會拒絕」**。當對方沒有明顯拒絕時，這個行為就會更加升級。問題是，這樣「升級」行為的發生，也可以用男女關係的深入程度去解釋這個行為發生的原因，使得「情不自禁」或「她沒拒絕我，所以我以為她對我也有好感」成為一個非常容易被使用的保護藉口。

面對這種事，社會對女性的污名化，更是在此時顯現出來。「紅顏禍水」、「妖女惑眾」、「都是她勾引我」、「因為她想紅」……當男性擁有一定的身分與地位時，更容易可以把對方打成「是想攀著我的身分、地位」，所以「誣告我」，努力將這件事情美化成「你情我願的愛情故事」，或是強調「自己才是深受委屈的受害者」。

為什麼會不停地發生這樣的事？或許，也和社會的懼怕有關，認為「有些女性為了要擁有好的社會地位，可能會將自己被權力者、上位者性騷擾、性侵害的事情轉而變成武器，把自己的身體變為籌碼，然後交換更高的權力、位置」。社會懼怕這些「有力量控制男人們」的女性，於是必須要努力制止這個狀況發生。

只是，上述這種情況仍是少數，而這又牽涉到另一個層面的議題：「既然我會委屈，我要把這個委屈變成力量」，在這裡先按下不提。我現在所談的事情，大部分發生的狀況，卻是女性在「不清不楚、不明不白的狀況下，被侵犯自己身體的主權」。可是，若這個男性使用「自己是受害者，對方是因為貪圖我的什麼」而為自己辯解時，整個社會的風向很容易被帶往「同情這個男性」。這情況，與父權社會的結構有關。

一旦原本擁有權力的男性，其權力與地位，居然可以被一個女性用「身體」這種方法撼動，「擁有權力的男性」變成「貪慾的笨蛋」，甚至，這女性似乎不受父權社會「失去貞操就該羞愧」的價值觀給綑綁，居然可以大聲說出自己發生這個事情，想要拿回自己的權利時，服膺於文化傳統的人們，會為了想要穩定這個社會結構、價值觀與體系，而去攻擊這個受害女性，企圖消除她的聲音。

因為，她就是「異己」，而這個異己的存在，讓他們感覺不舒服，挑戰了他們「習以為常」，甚至「賴以為生」的價值觀。

「貞操」的重要性：用「愛」來消除「羞愧感」

當社會灌輸女性貞操的重要性時，「性」必然與「羞愧感」綁在一起。因此對於女性來說，身體的主權被侵犯時，「羞愧」的感受遠大於「不舒服」的感覺。

那種感覺自己「變髒了」、「不是好女孩」、「再也不會有人愛這樣糟的我」的感受，是如此羞愧，讓人自我價值低落而無法忍耐。而解決這個羞愧感的萬靈丹，就變成了：「相信對方愛我」——

只要相信對方是愛我的，而有人，特別是條件好的人愛我，是對我價值的肯定，如此，我的自我價值就提高了。

如果說服自己也去愛他，那麼，這件事就變成是美好的事情，而不是「我被侵犯了」這種髒的、噁心的、讓我「自我價值感變低且覺得羞愧」的事情。

被傷害時，必須要安慰自己「他是愛我的」、「和他在一起，或許沒那麼糟」；若不這麼想，就會變成「是我的錯」、「是我不夠小心、謹慎」、「拒絕得不夠明顯」……

於是，**被侵犯的、受傷的不只是身體的主權，還包含「決定自己感受與需求的能力」，甚至是「定義自己的權力」、「在社會可以擁有與被接納的位置」**……通通都交了出去。

安慰自己必須要吞下這個傷，安靜地消化與習慣這個痛，或是懷疑自己的感受，說服自己交出「選擇愛的主權」，以求消除自身被「文化纏足」規訓出來的、難以消化的羞愧感。

希企用這個「交出愛的主權」的方式，換得是這男人的戀人，甚至妻子的身分，以求被這個社會接納，求得一席之地，但卻製造出更大的傷痕。

其實，原本所做的這一切，都只是希望：受傷的自己能「被接納」而已。

這是多麼悲傷。

浪子回頭金不換？——自我犧牲的女孩們

宜萍認識如峰沒多久，兩人就在一起了。對宜萍來說，剛在一起的第一個月，簡直就像夢境一般。如峰不停告訴宜萍，他有多喜歡她。多早之前，他就注意宜萍了，兩人是多麼命中註定……

宜萍一直以來都是個低調、安靜，不惹人注目的女孩，而如峰是那種會吸引眾人目光，外表、個性都是鎂光燈焦點的人。這樣的人居然會喜歡自己，而且這麼喜歡，讓宜萍覺得受寵若驚，於是奮不顧身地投入這段感情中。

但是兩人交往了一、兩個月之後，如峰突然變得冷淡，有時還會莫名地對宜萍發

脾氣。宜萍覺得很奇怪，於是問如峰是否有什麼煩惱的事情。

如峰對宜萍說：「我前陣子買股票賠了一些錢，但因為最近媽媽生病，急需用錢。我心情不好，所以對你發脾氣了。對不起。」

宜萍聽了，很替如峰擔心，於是問了如峰需要多少錢，決定先借給如峰。如峰百般推辭，但宜萍還是堅持要他收下，勸他趕快幫媽媽安排開刀等。

只是，從那次開始，如峰時常出現這樣的狀況。可能因為某些情況心情不好而對宜萍大吼大叫，或是突然消失一、兩個月，完全聯絡不到人。

當他再回來宜萍身邊，宜萍問他那一、兩個月去了哪裡。如峰說：「因為你對我太好，我覺得自己配不上你，所以我想要讓你自由……沒想到，我還是沒辦法，因為我太愛你了。」

但是當如峰出現不到一、兩個禮拜，跟宜萍拿了一些錢之後，又消失不見。

宜萍的朋友聽到這個狀況，都很擔心宜萍，覺得這男生不是什麼好東西，根本在利用宜萍。

宜萍忍不住辯駁：「他會這樣，是因為從小爸爸不在身邊，媽媽都在外面工作，從沒有感受過溫情與安全感。跟我在一起，他覺得過得太幸福了，這會讓他害怕自己配不起、會失去我，也擔心自己不夠好，會傷害我，所以他才會逃走。他從來沒有跟別人說這些內心的傷……所以我想給他沒有得到過的愛，我想相信他，無條件地支持他。」

朋友覺得，宜萍簡直就散發出聖母的光輝。

但問題是，這個「迷途的小男孩」，真的最後會回到「聖母」身邊嗎？而一定要透過不停犧牲、奉獻才能得到的愛，真的是愛嗎？

一個女孩深陷在一段離不開的感情中，即使對方時常搞消失，或是對她態度不好，甚至別人覺得這女孩根本被對方「當提款機」或「備胎」、「工具人」，女孩還是不離不棄。

到底是為什麼，女孩會離不開這段感情？

和這個男孩在一起，讓她覺得自己變得更好

當女孩對自己沒有自信，也不習慣重視自己的感受與需求，甚至懷疑自己不值得被愛時，如果有一個對象，讓女孩覺得「他擁有我沒有，卻嚮往的部分」，而「這個對象選定了我且愛我」，那麼，這對女孩來說是非常重要的。

這當然牽涉到「文化纏足」——「女孩的自我價值，來自於『要找到一個男人愛我』，才代表自己是『好的』。」

當女孩覺得，和這個對象在一起，可以感覺到自己更有價值，是被愛、被接納的，而這個對象令她嚮往的部分，例如，很受女人歡迎、很吸引人注意等，也會讓她有「這樣的人居然會把目光放在我身上？」而感到自己獨一無二、被重視的心情，更容易讓女孩陷入這段感情中。

給對方的，正是自己最想要的東西

有些女孩，一直很希望自己能夠被「無條件地愛與照顧」，她們總是為了別人，不停地犧牲、付出，因此也必須在別人面前，展現最美好的一面，以壓抑自己的憤怒等負面情緒，讓自己好相處、樂於助人、善體人意等，以免不被愛或不被接受。

交往時，當另一半會因一些事情挫折、沮喪，甚至出現暴怒的情緒，對這些女孩來說，一方面很羨慕對方可以這樣表現出自己的情緒，因為那是自己一直以來都做不到，也不敢做的事情；另一方面，看到對方的挫折，甚至過往的受傷經驗，女孩會聯想到自己的受傷經驗，而覺得能夠理解、疼惜。

然後，**她們會用「希望自己被對待的方式」對待對方，以補償過往受傷的自己，也希望自己能同樣被珍惜、理解，而無條件地愛著。**

透過犧牲與自我奉獻，感覺到自己「有用」，而「對他是特別的」

面對浪子而容易陷入自我犧牲的女孩，對於愛的想像，可能時常與「犧牲」、「奉獻」扣連在一起。

當自己為對方犧牲，包容「誰也包容不了」的狀況時，女孩會感覺到自己對

浪子而言是「有用」的，而這是她過去獲得父母的愛、他人關注的「生存模式」之一。因此，**「非得要自己有用，我才能獲得愛」的這個信念，很可能讓她堅定地在這段感情中付出，不離不棄。**

而不管對方做出多過分的事情，女孩都守著他，都在原處等待他……這種「我能包容別人無法忍受的事情」、「看得到別人看不到的，他那些攻擊行為背後的受傷」的感受，會讓女孩更覺得自己對他來說是特別的。因為，只有自己能提供對方「無條件的愛」，而女孩也相信，這份愛，是浪子最需要的。總有一天，他能夠被「感化」而回到她身邊。

習慣透過「給予」，去換得「愛」

當女孩陷入這樣的愛情模式與自己的「愛情想像原則」中，對於「愛必須要用一些東西換來」的想法深信不疑時，雖然女孩能夠用「無條件的愛」去包容對方，但內心深處，女孩認為是因為自己「不好」，「沒有人會愛這樣的我」，而寧願用這種「無條件奉獻」的可控制方式，去獲得她心目中的愛。

對她而言，要獲得愛情，一定要努力、要犧牲、要奉獻、要給予……愛，是一種「交換條件」，是她努力付出自己之後的「獎盃」，因此，自己不可能獲得無條件的愛，而自己也在這樣的犧牲、給予中，更強化這件事：

「這樣的我，如果沒有做點有用的事、沒有犧牲，是不值得獲得愛的。」

於是，許多女孩，是藉著「尋找愛情」的過程中，學著建立自我價值、對自己的看法與在社會的位置。

當我們在愛情中學到了更多犧牲、奉獻與委曲求全，以期得到對自己更好的觀感時，我們會帶著怎樣的期待與傷，進入婚姻關係呢？

輯四

婚姻的裏腳布

結婚，是讓社會接納的重要關鍵

琪芬覺得當自己快滿三十歲時，這個世界看她的眼光突然完全不一樣了。

以前父母很在意琪芬的表現，總對琪芬說：「我把女兒當兒子看待。我不覺得一定要兒子才能光耀門楣。我把期望都放在你身上。女人不要太早談戀愛，不要太早把心放在男人身上，要去實現自己的成就。」父母盡力地栽培琪芬，琪芬也不負父母所期望，表現優秀。年紀輕輕，就是一家大公司的主管。在工作上的表現非常亮眼。

但是，當琪芬過了二十八歲之後，逢年過節時，她開始接收到身邊親戚「關心」

的言語。詢問她有沒有交往的對象，什麼時候要結婚，甚至連媽媽去朋友聚會時，都會被詢問：「你女兒結婚了沒有？」

原本琪芬對於這些詢問沒有太大感覺，畢竟自己才二十多歲，還想再拚一下事業，但父母似乎急了起來：「你現在有對象嗎？你不要把自己變得太厲害，結果都沒有男人敢娶你。」「有時候，你也要裝弱一下，看看身邊有沒有什麼適合的男性。」「女人家最後終究還是要結婚的，才會有人照顧你。」父母也開始頻頻介紹對象給琪芬，希望琪芬可以去相親。

琪芬覺得非常困惑。

從小到大，父母都一直灌輸她：「女性不一定要結婚，靠自己是最重要的。女生可以與男生一樣優秀。」甚至讓她覺得，她沒有結婚是沒關係的，只要能夠有自己的事業就好。但甫到適婚年齡，父母卻承受不了社會、周遭親朋好友的壓力，認為她應該要結婚，要找到一個對象，人生才會圓滿。

琪芬忍不住對自己的男性好友抱怨，她覺得這件事太不合理了。

而男性好友的回答，卻讓琪芬覺得更不可思議：「不過，你父母的擔心，也是有道理的。畢竟就這個社會來說，我們男人的身價是會隨著年紀一直往上的，可是女

人的身價，卻是隨著年紀一直往下。你爸媽大概是怕你變成大齡剩女，也是為你好啦！」

聽到男性好友的回覆，琪芬簡直覺得晴天霹靂。

和自己交情這麼好的男性好友，居然都有這樣的想法，所以這個社會都是這樣看適婚年齡的單身女性？難道自己的價值，與自己的努力、表現、個性特質、人品都無關聯，而是與自己的年紀有絕對關係？

身為女性，當年紀大了，就註定「沒有價值」，甚至「沒有資格」，不能找到一個欣賞、喜歡自己，而願意共度一生的人嗎？難道必須為了獲得社會的肯定、去掉標籤，而趕快把自己「嫁出去」嗎？

隨著身邊朋友一個個結婚、生子，遲遲沒有遇到適合對象，也不想勉強結婚的琪芬，似乎變得「奇怪」，每一次參加朋友的聚會或是婚宴，當朋友或親戚知道琪芬沒有對象，就會想要趕快幫琪芬介紹，好像琪芬這個樣子是「有缺陷的」，必須要靠大家幫忙，才能「導回正軌」。

琪芬也覺得，自己越來越受不了當一群人聚會，有人詢問她的感情狀態以及是否結婚，而自己說出「我是單身」後，一剎那的靜默與尷尬。

好像她這個人成不成功，端看身邊有沒有一個男人……

這種情況，讓琪芬越來越挫折、沮喪，甚至有點自暴自棄地想，是不是真的乾脆去參加婚友社，找一個「以結婚為前提」的對象，趕快結婚算了？這樣至少不用面對大家的目光與壓力，好似自己是一個很奇怪、與大家格格不入，或是哪裡有問題的女人一樣……

進入適婚年齡之後，女性可能面對到的第一個「文化纏足」的挑戰，就是：「即使你的外在條件再好，若到了適婚年齡，還沒有對象、還沒結婚，身邊的人會覺得你似乎是個『失敗者』。」

這種「年紀到了，必須要結婚，以獲得社會認同」的壓力，女性遠比男性大很多，也使得有些女性，會為了這樣的壓力，「必須」選擇一個對象結婚，即使那個對象不一定是自己很喜歡，或是很適合自己的。

已有交往對象的女性，也可能面臨一種狀況。她知道這對象不見得適合自己，或目前兩人還有一些需要溝通、磨合的部分，但仍會下意識地帶著「如果對

方願意跟我結婚，代表是對我的肯定與承諾」的想法，期待對方「想與自己定下來」。

因為，面對「婚姻」這個考題，在「文化纏足」的訓練，也就是社會對女性的期待與標籤下，變成是一種必然責任，甚至，是一種自我價值的肯定時，會**使得女性在面對「要不要結婚？」這個問題，很容易將「要不要結婚」，變成「能不能結婚」的問題**。

因為，當面對結婚時，若有如此多的社會期待與污名化，以及被標籤的焦慮、恐懼與壓力時，我們通常很難知道自己想不想要，沒辦法清楚「我要不要結婚」。反而會因為社會壓力，引發內心「害怕與別人不同，擔心自己成為失敗者」的焦慮、恐懼，而變得不停詢問自己：「我到底能不能結婚，獲得所有人的肯定？」於是，我們可能轉而找尋一個「可以結婚的對象」，或是催促身邊的伴侶，希望對方給我們一只戒指與一張結婚證書。

彷彿那一張結婚證書，就是一份代表著我們的「自我價值」通過了社會考驗的「鑑定書」，是我們獲得象徵「被社會接納」的安全感重要來源。

當結婚，從「要不要」，變成證明自我價值、能力導向的「能不能」時，我們就無法看清自己為了什麼要踏入婚姻，也不了解自己想從婚姻裡得到什麼；於是，很容易過度理想化婚姻本身，而失望，自然也會特別大。

做人的媳婦要知道理：婆媳問題

明雯在與先生文啟結婚前，就決定一起存錢、貸款，買間小公寓，建立自己的新家。

由於明雯與文啟是公司同事，薪水也差不多，兩人於是有共識：「家裡的經濟一起分擔，家務也一起分擔。」而非傳統的男主外，女主內。由於共識清楚，結婚後，兩人相處得十分愉快。

因為文啟是家中老大，又是唯一的男孩，因此即使他們不與婆家同住，公婆仍希望文啟能常回家，或是帶明雯回家「幫忙」。諸如清明掃墓、中元普渡、祖宗忌日、拜地基主、拜天公……剛結婚的明雯，第一次知道：「原來習俗上有這麼多的拜拜。」

但每次回去，明雯總是不太開心。

婆婆一直要明雯做事不說，還常挑剔明雯不會做家事、東西煮得不好吃等；而當文啟來幫忙明雯，一起做飯、洗碗時，婆婆會趁文啟不在時，有意無意地說著：「唉，家事就是女人家的事啦，像我都沒有讓你爸爸（公公）和文啟做家事的。畢竟這是我們女人的本分……」

明雯聽了覺得不太舒服。

的確，公婆的互動模式，是傳統的男主外，女主內，金錢的管理也是傳統式的。公公把薪水全部交由婆婆管理，婆婆掌握整個家的經濟大權，也做家中全部的家事。

但明雯覺得自己與文啟的方式，則是互相支持，她不覺得「女人就要做全部的家事」，「男人只要負責賺錢就好」，因此對於婆婆這麼說，明雯只是笑笑，並沒有做太多的回應。

而每次回公婆家，即使小姑們在，婆婆也只會叫自己做事，卻又口口聲聲說：「我把你當自己的女兒看待。」對於這些觀念上的不同，以及被認為「媳婦就應該為

公婆家做所有的家事」的要求，明雯忍不住覺得不公平。

文啟了解明雯的委屈，因此有時當婆婆叫明雯做事的時候，文啟會先搶著去做，但是婆婆可能會在旁邊說：「結婚就是不一樣啦，以前叫你做家事，你都不願意做。老婆教得很好嘛……」**這種明褒暗貶的話**，也讓明雯聽了，覺得心很累。

與文啟聊到這件事時，文啟無奈地說：「我知道我媽這樣對你很不公平，不過因為她個性就是這樣，跟她吵也沒用。不然就是以後說你要工作，減少回去好了，避免這樣的事情發生。」

不過，仍然會有一些狀況是避不掉的。

第一次要回去過年前，明雯與文啟討論，自己希望初二可以回娘家，也希望文啟可以跟她一起回去。

「我們小年夜就回公婆家了，初二後，陪我回娘家，待個兩天，應該也不過分吧？」文啟欣然同意。「當然好啊，這是應該的。」

沒想到婆婆知道之後很不開心，認為初二家裡正忙，因為小姑們要回娘家，家裡會有很多客人，需要明雯留下來幫忙煮飯、待客，結果明雯居然「自私地想要回娘家」。

婆婆說：「我以前初二也都留下來幫婆家煮飯，初三之後才回娘家的。現在的年輕人都這麼自私、不會想？」

明雯聽到婆婆這麼說，覺得很生氣，心裡覺得：「你的女兒要回娘家，憑什麼要我像傭人一樣在你家幫忙？難道我不是別人家的女兒嗎？」

對於婆婆根本沒有把自己當女兒，時常把自己當傭人使喚，卻又口口聲聲說：「我把你當自己女兒看待……」的這種表裡不一的態度，明雯更覺得生氣而委屈。

但當明雯跟媽媽說這件事時，媽媽卻勸她：「既然你都嫁進去了，一開始就跟公婆打壞關係，也不好。媽媽不那麼在意習俗，你什麼時候回來，都沒關係的。」

明雯聽了，覺得有點生氣，但卻又有點猶豫。

明雯有點生氣媽媽不站在自己這邊，還要自己吞下這個委屈；但是，對於媽媽說的話，又覺得媽媽是過來人，說得好像有點道理，而明雯也是不習慣與人起衝突的個性。因此幾經猶豫，明雯最後決定初二在公婆家幫忙，初三再回娘家。

只是，當明雯做了這個決定、初二在公婆家幫忙煮飯、端菜、招呼小姑們的時候，內心仍是滿滿的委屈。她不知道自己這麼做，究竟對不對……

「婆媳問題」可說是女性結婚後要面對的重大挑戰之一。很多人可能會覺得奇怪，為什麼有那麼多「不替人著想」的婆婆？但實際上，**「婆媳問題」牽涉三個重要議題**，並受此影響：

分別是「媳婦的『文化纏足』」、「文化創傷」與「母子／夫妻問題」。

媳婦的「文化纏足」——傳統包袱

現在由於許多人在外成立小家庭、不與公婆同住，「距離產生美感」，婆媳相處的問題也減緩許多。但在逢年過節時，特別是過年，所有婆媳之間的觀念不同，都會在此時白熱化而出現問題。

如例子中的明雯，面對家務不同的態度，且「不能隨便頂撞長輩」、「不能直接跟長輩說出你的感受與想法」的傳統習慣，使得明雯與婆婆相處時，只有婆婆一個人的聲音，而讓明雯忍不住覺得委屈。

面對「媳婦」的身分，傳統對媳婦的期待，與明雯自我的期待不同。但**婆婆就有如「傳統文化的代言人」**，提醒明雯，身為媳婦的身分該做什麼，**就像「媳婦**

文化纏足」的「執行者」。

加上明雯過去被訓練成「在乎別人的評價，不能隨意起衝突，讓氣氛不和諧」，即使想尋求媽媽認同，媽媽也站在傳統的那一邊，讓明雯覺得自己按照婆婆的要求去做，是一件不得不的、約定俗成的，身為媳婦「應該」盡的本分。

文化創傷

從上例中發現，明雯的婆婆過去也被自己的婆婆這樣要求，所以有著許多的委屈與被不公平對待的創傷。

這些創傷，使得婆婆看到明雯可以有選擇，會覺得吃味、不公平，甚至生氣。「我以前這麼苦，都熬過來了。憑什麼你可以不做？」這種因為自己太痛，卻又告訴自己「應該這麼做」，而沒有好好看到「自己因為傳統文化而被不公平地對待，而委屈、受傷」的結果，就是會成為這個傳統文化的「共犯」。

當「媳婦熬成婆」時，忍不住緊抱著成為婆婆的「權力」，繼續將這個不公平加諸在媳婦身上；也**藉由這種方式，獲得一部分心理上的平衡與補償**。

於是，這樣的文化創傷，就這麼一代代地傳下去。

母子／夫妻問題

另外，婆媳關係有其特殊性：彼此並沒有太多的相處，卻因為婚姻而成為「母女」。「其實我們是外人，但我們立即要把對方當成『家人』，但實際上，我們又不是經過長久相處感情累積的『家人』」，使得彼此的對待總有些生疏、尷尬。

不過，有些婆婆在這個家的位置頗高，掌握較多的權力，因此在相處時，可能會強調自己的主控權，或用過往自己被婆婆對待的方式來對待媳婦。有的時候，也會用與孩子相處的方式對待媳婦。但由於彼此成長經驗、文化的不同，熟悉度又不夠，摩擦自然會產生。

身為媳婦，一開始，可能覺得自己還是這個家庭的外人，即使感覺到一些不舒服，也不會直接像對自己家人這樣，把想法說出來。因此，**媳婦可能會將「把話說出來」的責任與期待，放在先生身上**。

問題是，若今天這個婆婆在家裡擁有較高的主導權與發語權，而兒子面對媽媽，總是採取消極抵抗、冷處理、「跟她講也沒用，不理她就好了」的方式。這時，面對婆婆的要求與干涉，先生很可能要求太太也採取與自己類似的行動，希望太太息事寧人，甚至把婆婆說的、自己也聽熟的那一套搬出來：「沒辦法，這社會對女人的期待就是這樣。你就委屈一下吧！」

實際上，**「婆媳問題是母子問題，也是夫妻問題」**的一環。

為什麼是母子問題呢？對先生來說，太太面對婆婆所遇到的困難，先生可能已經遇到了幾十年，而且發現溝通無效（或也不知道怎麼溝通），也早已習慣被媽媽誤會、委屈，因此時常採取消極抵抗，甚至學會讓自己「無感」，以減少委屈與受傷的感受。

若先生覺得面對媽媽這個方法有效，自然也會要求太太用同樣的方式面對，甚至可能會用自己聽熟了的「文化纏足」語言，來說服、安撫太太，以減少衝突，減少需要安撫媽媽的機會。

婆媳問題當然也是夫妻問題：當太太期待先生與自己結婚後，能夠和自己成為「新家庭的共同承擔者」，希望先生可以站在自己這邊，不讓自己委屈，甚至

是可依靠、堅強的，卻發現先生面對婆婆，居然從「男人變成男孩」、「丈夫變成兒子」時，那種「對婚姻、對伴侶理想破滅與重新調整現實差距」的過程，其實是婚姻中常見的夫妻問題。只是，婆媳關係可能讓這個問題提早浮現。

再加上，**若先生使用「文化纏足」的語言說服太太，太太會很容易覺得先生也是壓迫者，也就是擔任「文化纏足的執行者之一」**。

於是，太太覺得先生不可靠、沒有肩膀，不站在自己這邊而覺得委屈，也覺得傳統「男女不平等」的看法，讓自己感到不公。當這些委屈與不公平忍到極限時，太太很可能把對社會、對婆婆、對先生期待落空的怒氣，全部都發洩在先生身上。

若我們無法察覺，這些用來說服委屈者留在自己位置上的「文化纏足」所帶來的影響，我們可能會默許這樣的事情繼續發生：

媳婦繼續承受這種不公平對待的委屈；而文化創傷，就這麼一代一代地傳下去。

等待的女人，不回家的男人

玫欣結婚沒多久，生了一個女兒。原本一家人住在桃園，丈夫嫌在家鄉找不到好的工作，決心要到台北「賺大錢」。

丈夫到了台北之後，找到了還不錯的業務工作。但他總說工作很忙，業務需要應酬等等，很少返家看玫欣與女兒，拿回家的薪水也有限。

由於女兒越來越大，生活的開銷也越來越多，因此玫欣一邊出外工作，一邊照顧自己的女兒。偶爾丈夫回來，眉飛色舞地說著台北的一切，但當玫欣詢問他在台北的生活，或是問他為什麼這麼久才回來一趟時，丈夫總顯得不耐煩，有時候甚至嫌玫欣

「女人家不懂男人在外打拚的辛苦」。

幾次下來，玟欣也學會不聞不問，讓自己面對丈夫的日漸冷淡與長久不返家越來越無感，並將注意力都轉移到女兒身上。

她希望女兒未來能有好的成就，找到好的對象，而不是如自己一般，勉強留在婚姻裡，等著丈夫不知道何時會回來的那天。

※　※　※

宛玉的丈夫，因外派到國外工作，兩、三個月才能回來一趟。

甫新婚的她，並不想與丈夫分隔兩地，而且當時她才剛懷孕，但丈夫認為，自己留在台灣的發展性與薪水都有限，若能出國工作，不但薪水翻兩倍，未來升遷的可能性也比較高。

聽到丈夫這麼說，宛玉只好接受丈夫要外派到國外工作的事實。

原本丈夫對宛玉說，外派時間可能只要三年，二年後就可以回來接高階主管。但是，五年過去了，丈夫依然在國外工作。

宛玉獨力撫養一對子女，覺得辛苦而寂寞。

可能因為長期不在台灣而覺得愧對宛玉，丈夫在經濟方面從不設限，將大部分的薪水都給宛玉管理。但就算丈夫回到台灣，也時常需要與別人開會，或是處理工作上的事情，使得丈夫給子女的時間非常地少，夫妻兩人也沒有太多相處的時間。

當宛玉忍不住跟父母、朋友抱怨這件事情時，許多人都會勸她：「其實你老公不錯了啦。他是為你們的生活打拚，而且薪水都交給你。沒有錢的男人作不了怪。他又不嫖、不賭，認真工作是好事啊！你就是太閒了，才會想很多，多找一些事情做吧！多放點心在孩子身上，也不錯……」

宛玉覺得似乎大家說得很有道理，也覺得丈夫對自己並不差，但長久的等待與為家庭的犧牲，讓宛玉覺得非常孤單而寂寞。「難道，這就是我要的婚姻？只要有錢，只要他沒有壞習慣，對我來說，就已經夠了嗎？」

但**當身邊的人都這麼說時，宛玉對於自己的不滿足，也覺得有些自責**。

「可能是我要求太多了……或許，我該多把注意力放在孩子身上。畢竟，結婚

與談戀愛不同……」

在台灣的婚姻裡，有許多「等待的女人」。會有這麼多等待的女人，與「文化纏足」——社會對家庭中女性角色的期待，以及台灣的經濟環境與歷史背景有關。

在民國六、七十年代，正是台灣經濟起飛的時期。許多年輕人、青壯年投入各種產業與工作中，甚至人口大量外移到都市，以獲得更好的工作機會。

許多男性因而離家，或是投入大量時間在工作中；而女性，則是在家照顧家庭、照顧小孩，做做家庭代工，或是有自己的工作，但仍然為照顧家庭的主力。

而今，台灣由於經濟環境的改變，加上交通的便捷，「在外地工作」更成為常態，不論是在台灣的外縣市工作，還是離開台灣，到台灣周邊，甚至更遠的國家找尋更好的工作機會，成為一件常見的事。

當社會期待男人必須要有更好的成就，「離開家庭，找尋更好的工作機會」，就成為男人的權利與義務；女人，則被期待留在家裡，照顧好家庭、子女，好好地等待，讓離開的男人無後顧之憂。

於是，礙於經濟與生存的限制，以及社會與文化的允許，創造了一批「等待的女人」。

她們如同「心理上的寡婦」，需要愛，卻又不能任性，「因為丈夫是為了我們的生活打拚著」，而這是社會主流允許的價值與標準。

這些女性，重演了童年的劇本，那就是：小時候父母因為工作，必須把小孩放在家裡，甚至要求年紀較大的姊姊負起照顧弟妹、不吵不鬧的責任，要求她們安頓好家裡，才能讓父母能無後顧之憂地專心於工作中。

由於這個劇本如此熟悉，使得這些姊姊們，長大之後，很容易負起責任，繼續扮演不讓丈夫有後顧之憂的「好妻子」；又或者，她們或許從小並未有太多照顧弟妹的經驗，但看著媽媽扮演照顧家庭，讓爸爸能安心離家工作的角色，使得她們也對於這個劇本的角色分配，覺得熟悉而「認命」，並且扮演得可圈可點。

只是，那些內心對愛的匱乏與渴望，仍在夜深人靜時，狠狠地啃噬著自己的內心，等待有被滿足的一天。

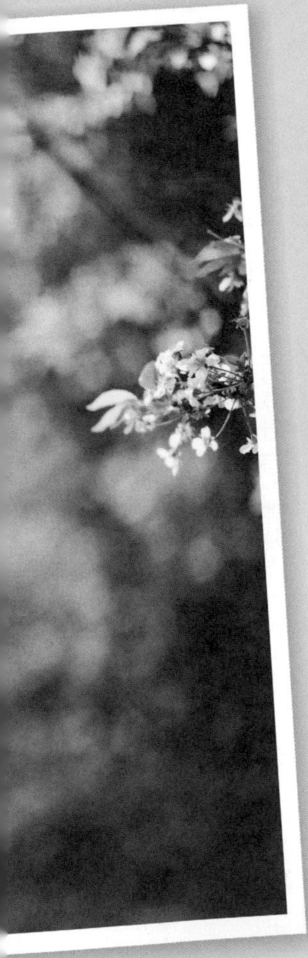

當女性失去自己、失去丈夫，必須把注意力都放在家庭、放在孩子上時，很難不把「家庭與孩子」當成代表自己的所有物。而與孩子極為緊密、難以割斷的「親密共生關係」，也成為許多孩子成人之後為尋求獨立，斬不斷、理還亂的痛苦關係。

卡在婚姻的女人：離婚等於失敗

平鈺與丈夫結婚多年，生了兩個小孩。平鈺與丈夫各自有工作，由於丈夫在外縣市工作，週末才會返家，因此照料小孩的責任，就落在了平鈺身上。

身為一間公司的主管，平鈺工作忙碌，加上要照顧小孩，且婆家在附近，公婆年紀又大，因此平鈺也擔起了替先生照顧公婆的責任。有時也會陪著公婆去看醫生、幫公婆買菜等等，每天都非常地忙碌。

在小孩上國中之際，平鈺無意間發現，丈夫居然有婚外情。

平鈺質問先生這件事，丈夫一臉無奈地說：「我一個人在外地工作，每天工作壓力都很大，想要打電話回來跟你聊聊天，你卻常常都在忙。跟我說沒幾句話，就說你要忙什麼，然後就掛斷我電話。我實在是很需要一個人陪我聊聊天，讓我有一個抒發的管道，而我跟你，實在是聊不來。」

聽到丈夫這樣說，平鈺覺得非常震驚。自己為了這個家付出這麼多，還負起丈夫應該盡的責任，奉養公婆，結果換來的居然是丈夫的抱怨。

當平鈺回家跟父母講這件事時，媽媽居然還把錯怪在平鈺身上：「發生這種事，你老公固然有錯，但你也應該要反省一下。你為什麼要對他這麼冷淡呢？你就是都把注意力放在工作上，沒有照顧你老公，你老公才會外遇。」

當平鈺說自己考慮離婚時，爸媽都極力反對：「你們都有兩個孩子了。你老公平常對你也還不錯，錢都有拿回家。男人一時被迷惑、走偏也是有的，你不要動不動就說要離婚。你離婚，有沒有想過孩子怎麼辦？別人會怎麼看你？以後你如果回家住，左鄰右舍會怎麼說？」

聽到父母這麼說，平鈺心情很複雜。一方面是自己面對丈夫外遇的婚姻危機時，父母不站在自己這邊，還責怪自己沒

有盡好妻子的責任。當自己對這個婚姻失望時，父母也不理解自己的痛苦，反而拿社會期待的那一套來壓自己。

但另一方面，平鈺也忍不住考慮父母所說的話。

「的確，如果今天離婚，必然會影響孩子。而且，如果我離婚了，別人會怎麼想？因老公外遇而離婚，別人會不會覺得我是失敗者？」

平鈺深深地感覺到，在這個年紀，身邊大部分的朋友都結婚了，若自己離婚，還帶著兩個孩子，感覺自己就和別人「不一樣了」，會有很多標籤貼在自己身上：「失婚婦女」、「女強人，所以沒辦法維持婚姻」、「她一定有什麼問題，所以老公才會外遇」……

平鈺突然感受到，這社會對女性的確非常嚴苛，而自己，是否有能力、有勇氣面對這些不公平的期待？

於是，幾經思考，平鈺決定不離婚，和先生各過各的。

她努力撫養兩個小孩，期待丈夫年紀大了之後，會「浪子回頭」，知道自己錯了而回歸家庭……

近年來台灣女性意識抬頭，女性比起以前有更多的選擇。但是，在我們父母的年代，甚至是現今，女性面對「離婚」的社會壓力，仍然比男性高出許多。

當社會期待男性成就高，女性則是「家庭要顧好」，因而出現「是否要離婚」的選擇時，女性更容易因為社會期待與壓力，為了孩子，為了周遭人的眼光，而吞下許多委屈，以保有這個「已婚」的身分。

甚至，認為這個「已婚」的身分，是自己的權利，是代表自己成為社會主流價值接納的一分子，而非一個「失敗者」的關鍵。

有的時候，有些女性不見得害怕面對社會主流價值，尤其是面對另一半出軌時，她們或許原本願意為了自己真正的需求與感受，而非為了社會期待或別人的眼光而犧牲，留在一段不滿意的婚姻裡。

但若身邊的人不支持，甚至認為「男人會逢場作戲是正常的，最後都是會回歸家庭的」；或把男人出軌、婚姻出問題的責任都怪在女人身上，甚至認為是因為女人「在外工作太優秀，造成老公的威脅感或不顧家庭」、「都在家，像黃臉婆一樣，讓老公沒興趣」，**使得女人似乎背負需要「維持家庭」、「維護關係」的**

「完全責任」，因此女人要吞下委屈，留在婚姻，似乎成為一種「必須」、「不自私」且「負責任」的選擇。

媳婦與妻子們的「文化纏足」

一進入婚姻後，女性的角色，從女兒變成了妻子、媳婦。而身為妻子、媳婦們，所面對婚姻的「文化纏足」，是什麼模樣呢？

守貞的女人：去性化

當女性成為媳婦、妻子，以社會的傳統觀念而言，這個女性已經從自己原本

的家庭，進入另一個家庭，有時候，甚至成為另一個家庭與男人所擁有的「物品」：

有需要遵守的教條、有要學習的東西、有許多規定……特別是，若女性結婚，生了小孩，大家會說你「走入家庭」，女性面對的壓力變得更大。

因為，似乎每個人都可以「管你」。管教你服裝穿得端不端莊，有沒有跟別的男性有太多互動，是不是一個照顧好丈夫、公婆、小孩與家庭的好女人……似乎，全世界都能指導你怎麼做，而只有你自己，必須活在這些評論與眼光下，沒有太多自己的選擇與需求。

因此，當女性結婚後，若對先生有些不滿，例如兩人缺乏情感的交流，或是身體的接觸，甚至沒有太多性生活……社會對女性，特別是婚後女性「性」的壓抑與「守貞」的期待，讓很多女性無法說出自己的感受與需求，尤其是若生了小孩，大家可能會覺得你傳宗接代的「責任已了」，更不覺得女性會有性的需求。

「你應該要當個好妻子、好媳婦、好媽媽，扮演好你的角色。」身為一個「需要扮演好角色的女性」，所需的是能扮演好角色的工具、技能，而非了解自己的親密需求，並且試著去改善、調整。彷彿你成為妻子或媽媽之後，幾乎就

「得道成仙」，無欲無求。

一旦有女性想跳脫這樣的「工具人」角色，周遭的人會前仆後繼地想安撫你：「結婚就是這樣／當媽媽就是這樣，只要老公不嫖、不賭，沒有不良嗜好，會拿錢回來，你有什麼好抱怨的？」

此時，若女性長期的親密需求無法滿足，決定離開，甚至發生出軌事件，那幾乎是人人喊打。

但身為男性，即使成為丈夫、爸爸，若出現出軌、外遇，仍會有身邊的家人與太太的支持與背書；若他願意「回歸家庭」，許多人仍然張開手歡迎，因為「男人本來就是本能的動物」。因此，男人的性，成為社會能允許接受的特權：「男人都是這樣。至少他有拿錢回來，就好了。」

有許多父權與性別研究主題的書籍，討論過「守貞」對社會與維持父權的意義，在此不再重述。但要求女性守貞，甚至去性化——「身為妻子與媽媽，就不該有過多的欲求，應該要把注意力放在家庭上」，其實是**社會方便管理女性的一種方式**。

一旦女性能夠維持其角色與奉獻其心力在家庭上，代表著男性能更無後顧之憂地從事自己想做的事情，想完成的夢想，滿足自己的欲求，而女性，卻不免成為協助男性成就自己的工具之一。

當女性失去自己、失去丈夫，必須把注意力都放在家庭、放在孩子上時，很難不把「家庭與孩子」當成代表自己的所有物。

而與孩子極為緊密、難以割斷的「親密共生關係」，也成為許多孩子成人之後為尋求獨立，斬不斷、理還亂的痛苦關係。

當「好媳婦」的重要性？

在過去台灣的傳統社會中，生女兒不是一件受歡迎的事。

傳統認為女性最後還是要嫁到別人家，成為別人的家人，奉養別人的父母，所以有些父母認為，對女兒不需有太多照顧、培養，不然是在「幫別人養女兒」。

問題是，進入新的家庭後，沒有過去的感情，過往家庭也沒有給自己太多資源，讓自己培養技能，如此，女性進入新的家庭，似乎只能「好好照顧家庭的每個人」。只有去證明自己是有用處的，才能被留下來，在這個家吃一碗飯。因此，過去家世較好、疼愛女兒的家庭，可能會準備相當的嫁妝，來讓夫家「不要看不起我們」，以免女兒嫁過去被欺負、不幸福。

在舊有傳統社會，有許多女性，不論是在自己家，或是在夫家，可能都必須不停地「證明自己很有用」，因此，成為一個「孝順的好女兒」，結婚後成為一個「孝順的好媳婦」，一肩扛起家裡的許多工作，是自己獲得在家庭中一席之地，不會讓人覺得麻煩、被人覺得沒有用的方式。

到了現代，社會的變遷很快，女性在社會上的地位提升，也有越來越多的資源，讓女性能夠提升自己的能力，養活自己，工作上表現亮眼，不再是以前被別人決定人生，隨意輕賤的「苦命女性」形象。

只是，外在世界變遷雖快，但有時，傳統觀念與社會期待的更新不及，即使身為各方面能獨立自主的女性，身邊的女性長輩，特別是母親，仍不免諄諄教誨著做女兒、做妻子或做媳婦的道理；進入新的家庭後，婆婆若自己曾為家庭做了許多犧牲、放棄許多自我，帶著這樣的痛苦，很難不期待媳婦應該跟自己一樣，

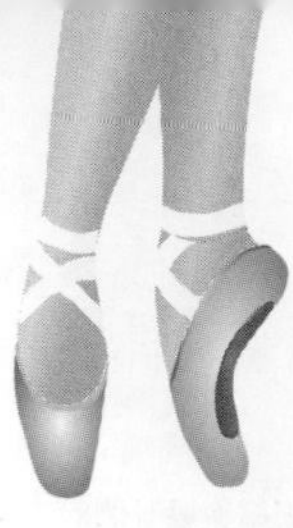

負起責任，做出一定的犧牲。有時，甚至必須看到媳婦有這樣的犧牲與痛苦，婆婆才會感覺到「自己為這個家的付出是值得的」，是有被家人尊重的。

那麼，抱著舊社會的觀念，期待新社會的女性，「被壓迫的感覺」油然而生。即使有自己的觀念與想法，被這些舊社會「妻子、媳婦裹腳布」纏住的女性們，要擺脫這些根深蒂固、如影隨形的傳統觀念，並不容易。

即使覺得這些舊觀念並不合理，但這些把持傳統的權威聲音太巨大，仍在這些聲音中長大的女性，並沒有足夠的勇氣反抗或忽視。於是，這些處在舊社會與新社會過渡狀態的女性，夾在外在環境與內在聲音的衝突中，痛苦不堪。

生兒子的重要性

「你知道嗎？那個誰誰誰，現在已經懷第三胎了，為了要拚男生。」「那個XX因為沒有生男生，婆家很失望，叫她繼續生，但她很想回來工作崗位繼續工作。結果婆家說她很自私，娘家也叫她不要急著工作，先好好準備懷下一胎……」

類似的故事，不只在我的工作中會碰到。在我的生活周遭，有這樣經驗的女性仍然不少。

即使有很多女性並不認為一定要生男孩，但所面對的婆家，若對此有相當堅持，有些女性仍然會臣服在這些傳統的壓力下，逼迫自己也要加入「生男孩」的行列。

有些女性也會因而覺得痛苦：身為一個女性，彷彿過去的那些努力、自我成就、自我實現都不重要。進入婚姻與新的家庭後，所有的自我價值，都只奠基在「自己生不生得出小孩」以及「生不生得出男孩」，就與所有的宮鬥劇一般。

困在這些妻子、媳婦裹腳布的女性們，有可能在此刻突然感覺到，原來過去與現在並沒有差別太大，而忍不住自問：

「難道，我只是一個生育的工具？」

一邊質疑自己的價值，卻又被這條裹腳布緊緊纏繞，只能順著這個方式走。用生小孩與生男孩，爭取自己在新家庭的地位。

或許，**最痛苦的，不是「遵從這個觀念」，而是「我並不接受這個觀念，但為**

了被接納、為了生存、為了別人的評價與目光，我卻不得不這麼做」的矛盾感受。

於是，我們感覺自己被控制，無法被理解；我們必須鈍化，忽視自己的感受，才有辦法繼續被這條裹腳布綑著，而不至於覺得太痛，無法忍受。

我們不敢，也不能隨便脫掉裹腳布，讓自己和別人不一樣地活著，因為那意味著必須面對極大的社會壓力與批評：必須面對與承擔「自己和別人不一樣」，「可能不會被社會、身邊的人接納」的被排斥感，以及「覺得自己不夠好」的痛苦。

只是，夾在「他人覺得正確的」與「自己覺得正確的」落差裡，我們可能都進退兩難；想要爬出來，卻摔得遍體鱗傷。

若當女性成為妻子之後，在婚姻裡有如此多的「角色期待」，那麼，帶著這樣的裹腳布，進入媽媽角色後，又會對女性有怎樣的影響呢？

輯五

媽媽角色的裏腳布

身為女性，當我們的角色轉換成為「媽媽」，承接社會或身邊的人對這個角色的期待時，這些「媽媽角色的裹腳布」將如何困著我們，使我們必須戴上面具、被迫在「好媽媽」這個身分中動彈不得？

要成為一個好媽媽：為小孩犧牲一切

茴青結婚後沒多久，就生了兒子。因為自己與先生不放心讓保母帶小孩，也不想送托嬰中心，原本茴青決定先只請一個月的育嬰假，不過為了小孩，先生也對她說：「沒關係，你專心照顧小孩就好。家裡經濟由我來扛。」茴青知道先生對小孩的重視，因此決定乾脆先辭職，專心在家裡帶小孩。

但開始帶老大沒多久，茴青發現自己又懷孕了。沒多久，生了女兒，於是開始了一打二的生活。

短時間內，家裡添了兩個小小孩，茴青所有的世界都跟著這兩個孩子運轉。由於先生白天還要上班，茴青也不敢請先生幫忙，因此孩子夜哭等，都是茴青一個人起來餵奶、照顧。

長期都把注意力放在兩個小孩身上，還需要整理家務、為先生準備晚餐、為小孩準備副食品……茴青覺得自己快要累垮了。

但是當她跟媽媽、婆婆或身邊的長輩提到這件事時，大家的回應都是：「當媽媽就是這樣，忍過這段時間就好了。你已經算是很幸福啦，可以在家裡，不用出去工作。你不要想太多，把家庭照顧好，讓你先生可以不用擔心、好好工作。」

茴青聽了大家這樣說，覺得自己好像應該要知福、惜福，但是她覺得自己很憂鬱、痛苦，也與先生越來越少互動，因為她每天有太多的事情要做。

先生回家之後，她仍然要煮飯、洗碗、洗衣、曬衣服、照顧小孩……實在是沒有多餘的力氣與先生互動。

茴青逃避這個痛苦的方式，就是用別人告訴自己的話，來說服自己：「你就是應

該要做這些。因為你身為一個媽媽，應該要讓小孩幸福，應該要把注意力放在小孩身上，把家庭照顧好，讓你老公無後顧之憂，專心工作。」

於是，她花了更多時間在小孩身上，把家裡的每件事情做到盡善盡美，為了家庭，付出一切。

但隨著她把家裡的事情做得越好，她的壓力、情緒卻更大了。

她發現先生在外面有自己的一片天空。去先生公司時，因為先生工作表現很好、職位頗高，先生的同事、下屬們都對先生非常尊敬，上司對先生也讚不絕口。與親戚相聚，先生對自己的表現也還算體貼，大家都覺得她嫁了一個好老公，真的是太好命了。

她的兩個小孩，對外功課表現也一向不錯，在功課與禮儀上都不需要別人太擔心，因此大家都覺得：「你真的是個好命的人。」

但茴青不知道自己為什麼，總是覺得憤怒而痛苦。

當看到先生有自己的天空時，雖然感到與有榮焉，卻忍不住覺得憤怒，甚至會懷疑他是否與公司的女同事過從甚密，因為每一個女同事看起來都那麼耀眼。

當她的生活重心——她的小孩，日漸長大，她發現他們也都有自己的世界時，她感覺到自己被拋下了，就像是被利用完的工具一樣。因此，她忍不住憤怒、忍不住想發脾氣，想找先生吵架。

每次，先生一遇到她發脾氣時，總是一言不發，離開家，或去公司加班，好幾個小時後才會回來。

兒子也很害怕茴青的脾氣，總是躲進房間裡，不太會與茴青互動。茴青後來變成不停地跟女兒訴說自己的委屈與痛苦。唯有女兒，似乎是她生活唯一的浮木，可以讓她感覺到自己被重視、有些價值。

有一次，在她因為一件事情不開心，嫌棄先生事情做得不對，對著先生發了一頓很大的脾氣後，已經念高中的兒子卻突然爆發，對著茴青說：「媽，我真的不懂。你在外面扮演為了我們奉獻、付出一切的好媽媽，但在家裡，你總是搞得好像全世界都欠你，我們都對不起你。這種莫名其妙的脾氣，也總是發在我們身上。你知不知道，我們都很怕你？待在家裡，都覺得很痛苦？你就跟不定時炸彈一樣！」

茴青聽到兒子這麼說，覺得非常崩潰，忍不住對著兒子哭喊：「我為這個家付出這麼多，付出我全部的青春與人生，結果居然被兒子這麼說。我真的是一個失敗的媽媽……」

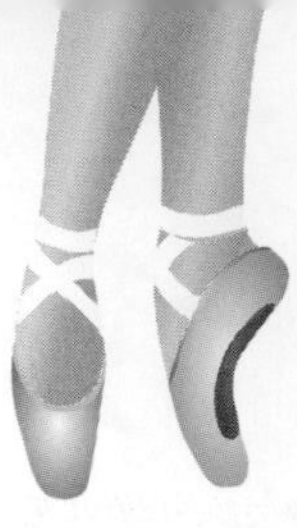

看著這樣的茴青，先生嘆了一口氣，離開了家；兒子轉身進了房間，女兒手足無措地待在現場……

看著自己生命中最重要的三個人這樣對待自己，茴青覺得好痛苦、好沮喪。她覺得自己就像被拋棄了……

我們整個社會，都期待女性進入家庭、生了小孩之後，就應該成為一個「好媽媽」。將孩子的事情放在第一位，好好地養育、教育小孩；媽媽要無微不至地照顧小孩，要把注意力都放在小孩身上……

「必須當個好媽媽」的壓力

特別是全職媽媽，社會時常會出現一種觀念：「你在家沒事，沒有出去賺錢，更要把注意力都放在小孩身上，不可以有自己的生活。」

一旦媽媽照顧自己的需求，和朋友出門聚會、去旅行、做自己想做的事，很難不抱持罪惡感，因為社會的期待就是：「你有時間，就應該要好好照顧小孩。」尤其是「沒有工作」的全職媽媽，似乎照顧小孩、操持家務這些都不是工作。當這些女性花錢時，有時候甚至必須背負一些「你就是過太爽」的罪惡感。

不論是職業婦女，或是全職媽媽，她們面對社會對於媽媽角色的期待，「必須當個好媽媽」的壓力，都是非常重的。

相較於男性，職業女性必須要顧好工作、顧好家務、顧好小孩……下班之後幾乎就是「第二輪班」。背負這些對「媽媽角色」的期待，許多女性努力想做到盡善盡美，卻也不免累積許多委屈、痛苦，而慢慢轉為憤怒，覺得自己被不公平對待、不被重視，忍不住將這些憤怒射向自己最親近的人。

「要來的愛」，是建立在另一人的犧牲上

當我們一輩子都為了符合他人期待而活，自我的感受與需求都被壓抑、被忽略，慢慢地，我們會忘記自己真正的樣子，而把那個為了符合他人期待而戴上的面具，當成自己真正的樣子。

但是，**被壓抑的感受、那些委屈，並不會消失，只會讓我們在站到較高的社會階層時，或是小孩長大，可以跟小孩「要」的時候，用另一種「社會期待」——「你應該要孝順我」，來讓自己「要」到那些錯失的愛與重視。**藉由這樣的「彌補」，讓我們覺得過往的犧牲與委屈「是值得的」。

只是，這些「要來的愛」，仍是建立在另一個人的犧牲與痛苦上。我們可能會要求小孩要把注意力都放在我們身上，就像以前我們被要求做的事一樣。我們用這種方式感覺到公平，卻又羞於承認自己內心真正的需求，反而用「孝順」的大帽子去解釋自己的需要，要求孩子做到這樣的付出。

於是，我們從「被壓迫者」，成為「壓迫者」，藉此感到內心的空洞被暫時填補。

只是，我們仍然找不回自己真正的模樣，仍然無法在這樣的互動中，得到自己真正想要的愛與重視，得回對自己的敬意，也無法因而真正肯定、相信自己的價值。

要維持「好的模樣」：犧牲自己與小孩的感受

從小，怡凌的媽媽就灌輸她一個觀念：「要在別人面前維持好形象。」因此，怡凌在乎自己的儀表，說話輕聲細語，對別人也相當關心。

怡凌結婚之後，生了一雙兒女，老大是女兒。怡凌教育女兒，就像是以前媽媽教育自己一樣，對女兒要求很高，要求她要留意跟別人互動的樣子，要在意別人感受，要在別人面前維持一個好的形象，不可以隨便表現出負面情緒，要把笑容掛在嘴邊。

女兒曾經跟她抗議，覺得怡凌「太假」。例如，怡凌並不喜歡回婆家，也不喜歡那些親戚，背地裡，她雖會對孩子、丈夫抱怨他們，但面對他們時，卻仍然笑容滿

面，為他們做許多事情。

面對外人，怡凌也有些抱怨，但在人前總是笑容滿面、很好相處。

對怡凌的兒女與丈夫來說，最痛苦的一件事，就是怡凌雖然在外人面前表現如此好，但在家裡，卻非常情緒化。她時常生氣，也對家人十分挑剔，特別是女兒與丈夫。

怡凌時常在家裡碎碎念，挑剔每個人的所作所為，甚至連家人穿的衣服都要干涉。

當女兒今天穿了一件毛衣，準備去參加婚宴時，怡凌可能會因為覺得這件衣服看起來太胖，太不適合婚宴這種重要場合，擔心別人會覺得女兒沒有家教，而強力要求女兒換下，不換下就不可以出門。

對於怡凌為了要維持形象的挑剔與控制，家人們都非常反感，但卻只能默默忍受。因為如果拒絕，怡凌可能會沮喪、大哭，甚至說出：「我去死死算了……」之類的話。

有一次在極大的衝突下，已經快三十歲的女兒直接對怡凌說：「我就是受不了你這點。你在外面假裝成一個好媽媽，但是在家你根本不是這樣。你只是想假裝，想要大家覺得你很好，我們都只是你的裝飾品。」

聽到女兒這麼說，怡凌覺得非常震驚。

「為什麼？我做的一切都是為了大家，我偶爾會比較直接，但我也是為了大家好。為什麼你們不懂我的苦心，反而把所有的錯都怪在我身上？」

怡凌覺得更加生氣、委屈，於是更不願意與家人互動、溝通，覺得他們都是同一國的，都不知道自己的辛苦。

在這過程中，怡凌感覺到家人和自己越離越遠，自己也變得更加暴躁不安，但卻不知道如何改變這個狀況……

夜深人靜時，怡凌只覺得自己為家裡付出、犧牲一切，卻沒有人看到自己的委屈與辛苦……

在社會、家庭、職場的訓練下，許多女性非常在意別人的看法、評價與感受，若是自己造成緊繃，甚至衝突的場面，會覺得「自己似乎做錯了事」，於是，**為了博取別人的好評價與好看法，避免氣氛不和諧，「犧牲自己的感受」成為**

勢在必行的一件事。

孩子成為「補償式滿足」下的犧牲品

當我們會習慣性地要自己犧牲感受時，必然也會如此要求身邊的人，甚至犧牲自己最重要的家人的感受，來迎合別人，獲得別人的認同與肯定。

在這過程中，最容易被犧牲的，就是自己孩子的感受。

要求孩子為了「大局」，去維持「表面上的和平」，甚至是為了維持彼此在外的良好形象——和諧的家庭、母慈子孝的關係……而犧牲自己真正的感受與需求，也在所不惜。

當我們習慣犧牲自己與重要他人的感受，去迎合別人時，「應該／必須怎麼做」，就會成為我們人生的重要準則。

「我不想知道身邊重要他人的感受，我也覺得不重要，因為我也是這樣對待自己的。」我們看到別人的苦，不會有同理心，反而會覺得：「你覺得苦？我更苦，但人生就是如此。」

矛盾的是，為了得到別人的肯定，我們犧牲了自己的感受，但在外的這些委屈與犧牲，會讓我們覺得自己不重要，甚至覺得被別人控制。

可是，我們又有「被重視感受」的需求，因此，這些委屈與犧牲的負面情緒，很容易會回歸家庭，在最安全的家庭關係中，所有的忍耐爆發，情緒轉到自己最重要，也最能忍耐自己的家人身上，渴望以此獲得一些被重視、被關愛的經驗，補償自己對外，甚至一直以來的委屈與犧牲。

而**最容易成為這個「補償式滿足」的犧牲品，多半是自己的孩子**。

於是，孩子接收了我們的情緒與價值觀。這樣扭曲的「情緒滿足模式」，也就不被覺察地代代相傳，不停地被接受、複製、傳承。

空虛人生的代價：小孩要為媽媽的人生負責

筱霖從小沒有太多關於父親的記憶。

父親久久回來一趟，甚至幾乎不返家。印象中，媽媽對於父親不在家這件事感到非常痛苦。

媽媽曾經跟父親談過要離婚，並且想要筱霖的監護權。但是，筱霖的奶奶，也就是父親的媽媽介入，非常強勢地對筱霖的媽媽說：「要離婚，你就走。要女兒，休想！你離婚的話，我孫女也不會給你看的！」

由於筱霖媽媽的經濟能力較父親家差，且當時監護權仍大多判給爸爸，因此媽媽只好忍氣吞聲，獨力撫養筱霖長大。

在筱霖的印象中，媽媽時常會對自己說：「要不是因為你，我早就離婚了……我其實可以去做想做的事情，做想做的工作，而不會留在這裡。」

比起丟下自己的爸爸，筱霖更感覺到母親撫養自己長大的犧牲與委屈。因此，筱霖覺得，自己應該要努力做到母親的期待，用自己的人生，賠償母親一生的損失，補償母親一生的遺憾。

因此，筱霖從小就盡力達到母親的要求。她也感覺，母親將所有的心力都放在自己身上，希望筱霖可以為她完成她因為婚姻而無法完成的夢想：學歷、成就……

當筱霖長大後，有自己的生活圈、朋友，甚至開始有交往對象，媽媽的失落感越來越明顯。

她不會直接對筱霖訴說自己的失落感，但會在筱霖要出門時，說著：「你又要出門了？又要留我一個人在家？」或是：「你大了，有自己的生活了，就我一個糟老太婆自己在家就好。」

筱霖發現，媽媽沒有什麼朋友，也沒有什麼娛樂。她的人生，似乎全部奉獻在自己身上，只為了成就筱霖的完美。

但當筱霖長大，不需要她的奉獻後，她的人生瞬間失去了目標。而不論媽媽有沒有責備她，筱霖總覺得，媽媽的人生如此空虛、匱乏，是自己的錯，是自己不好，讓媽媽犧牲。

「是不是我太自私？我是不是也應該為媽媽做更多的犧牲，陪伴她，而不應該花太多時間在自己的事上？」當筱霖要出門時，總是要承受這樣的天人交戰。

她知道媽媽或許該有自己的人生，但是，卻忍不住想著，媽媽因為筱霖而失去了自己的人生，「我是否也應該把人生奉獻給媽媽，回報媽媽的犧牲與恩情？」

在「罪惡感與虧欠感」及「想要做自己」的心情裡，筱霖內心覺得掙扎而痛苦，不知道該怎麼做才好……

有些媽媽，即使對婚姻不滿意，也很可能會為了小孩而「留在婚姻裡」。或者，雖然離婚了，也將女兒帶在身邊。

身為單親媽媽的辛苦與委屈，以及面對社會的歧視等，可能讓媽媽們難以忍受，而忍不住透露自己的委屈給離自己最近的女兒。

當媽媽們抱持著許多責任與自卑、委屈的感受，可能會出現一種「即使是單親，也希望自己的女兒能夠出類拔萃，希望她不要如自己一般，也不要讓別人看不起」的心情，於是全心奉獻、培養自己的女兒。

但當女兒長大成人，要離開自己時，一直「沒有自己」的媽媽們，瞬間失去了生活的重心，突然不知道該怎麼生活，不知道該怎麼讓自己快樂，覺得自己重要，可能因此感到失落，甚至想把離開的女兒拉回來。

長期與媽媽相處，和媽媽情緒界限模糊，心情時常隨著媽媽情緒起伏的女兒們，很可能被這個強力的「心理臍帶」所牽引。

帶著對媽媽的虧欠感與罪惡感，甚至覺得自己「害了媽媽的一生」，因此永遠放不下媽媽，永遠都為了媽媽努力，為了媽媽做決定，為了媽媽的人生而負責。

於是，彼此都牽一髮而動全身，無法活出自己獨立的人生。

如何重新建立自己的人生，是媽媽們的功課

當然，有的時候，並非是因為媽媽特別去「情緒勒索」女兒，而是因為，當媽媽對女兒付出極大的犧牲與心力，媽媽從未習慣將心力放回自己身上，也習慣生活中有女兒的支持與回應，於是，兩人建構出「他人難以介入的小小世界」。

而當女兒長大，開始建立屬於自己的世界時，兩人間的小小世界瞬間破碎，媽媽覺得慌張，覺得失落，不曉得怎麼面對新的生活，重新看待自己的身分。

對媽媽而言，「犧牲、奉獻自己」，代表自己的「愛與自我價值」，但當今天這些愛與得到價值的方法，對女兒已經太沉重，那麼，到底該怎麼做，才能找回自己的價值，獲得被愛、被重視的感受？

所以，「如何重新建立自己的人生」，成為這些媽媽們重要的功課。

但若媽媽與女兒沒有發現這件事情的重要性，反而是讓女兒重新擔任過往媽媽犧牲、奉獻的角色，將媽媽當成「責任」，決定把自己的人生讓渡給媽媽，以解決女兒的罪惡感，補償媽媽的人生。

那麼，兩人就永遠無法獨立。

女兒很難不因而對媽媽感到怨懟，甚至憤怒。而媽媽也得不到自己真正想要的愛，不免因為女兒的憤怒而受傷，甚至也很可能產生「你應該這麼做，因為你要孝順我」，以及「對女兒的犧牲產生罪惡感」的複雜情緒，反而與女兒留在一種「相愛相殺」的惡性循環裡。

消失的另一半：負起獨力撫養小孩的責任，造就強勢的媽媽們

瑋青對爸爸沒什麼印象。小時候因為爸爸在外地工作很忙，所以瑋青他們幾個月才能見爸爸一次，見面也說不上什麼話。

而瑋青看著媽媽身兼多職，一邊工作，一邊照顧一雙兒女，努力養大他們，她知道媽媽很辛苦，所以很努力表現、幫忙家務，希望幫媽媽分擔一些。

但是媽媽非常嚴格，時常嫌棄瑋青哪裡做不好，或是覺得瑋青很笨，幫忙家務沒做好，讓她增加更多負擔。媽媽對於瑋青，或是瑋青弟弟的人生，從出門穿什麼衣服到念書選什麼科系，每件事都要干涉，也都要介入。媽媽也時常會對瑋青抱怨工作上的事情，或是爸爸那邊的家人，諸如爺爺、奶奶或是姑姑等，批評他們不同的價值觀，或是抱怨他們讓媽媽覺得委屈等。

在媽媽眼中，似乎自己總是被虧待，對什麼都不滿意。

瑋青的確覺得媽媽很辛苦，但是對於媽媽的控制欲、挑剔與愛抱怨，瑋青也覺得有點難以忍受，甚至常因為媽媽對自己的控制與批評而覺得沒自信、憂鬱。

因此在瑋青上大學時，她決定要離家讀書，希望可以用拉開距離的方式，不要繼續讓自己所剩不多的自信受到摧殘。

隨著瑋青離家，媽媽與瑋青的關係，雖然似乎不再這麼緊繃，但每次瑋青返家時，媽媽總有意無意地展現「自己很可憐」，也很常嫌棄瑋青，不論是瑋青的穿著、打扮、長相，或是交的朋友、做的任何事……挑剔、控制與愛生氣的程度，似乎有增無減。

而在瑋青離家之後，弟弟似乎變得更加沉默寡言，甚至不喜歡出門，常常宅在家裡，這也讓瑋青有點擔心。

瑋青不懂的是，為什麼媽媽會這麼喜歡生氣，這麼想要控制別人，這麼喜歡找自

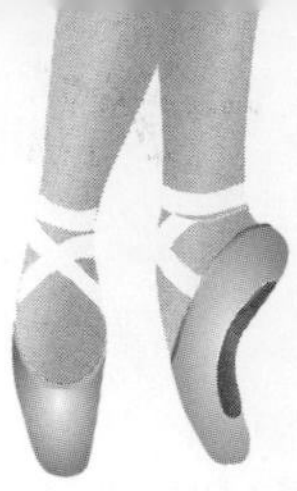

己與別人的麻煩？

自己不是不想靠近媽媽，但這種狀況，總讓自己只想要逃得遠遠的……

在婚姻裡，成為「等待的女人」，甚至另一半直接消失，是在台灣家庭中很常見的狀況。

許多男人可能因為經濟的因素，需要養家活口，或有成就的壓力，或者也有可能是因為不擅長面對或處理結婚之後，自己的媽媽與妻子日漸緊張的婆媳關係……於是，**這些男人逃了出去，逃向工作，逃到別的女人身旁，或是逃向「上癮行為」**：喝酒、賭博、電玩、瘋狂健身，或者，人留在家裡，但成為沒有聲音的人，成為一個「大型家具」，無法進入妻子與孩子的「國度」。

「皇后母親們」的挑剔、嚴厲與控制

在這個國度裡，妻子是治理這個家的皇后，而男人，是在外打仗，回來後不

知該如何安頓手腳的騎士國王。

騎士喜歡往外跑，藉由出外打仗，和外界連結，來得到成就感與安全感，用來安撫自己沒辦法與家中連結的不安與匱乏。

皇后痛恨國王的不負責任，而面對大家對「皇后」這個身分的期待，她不能丟下自己的責任，只能努力扛起整個家。

身兼兩職的皇后，為了保護這個家與自己，讓這個家可以繼續運作，孩子可以好好生存、長大，**變得越來越強勢**，**越來越需要每件事都按照自己的安排**，**因而也越來越愛控制而嚴厲**。

這些「皇后母親們」，很可能沒有被溫柔對待的經驗，認為「嚴厲與挑剔」才能讓自己與他人變得更好。

於是，她們必須靠著讓自己「有用」，靠著失去丈夫而壓抑著自己也想被愛的需求，靠著為孩子、為家的「犧牲」，才能背起丈夫的責任，撐起一個家，也才能成為自己與他人心目中的「好媽媽」。

母親溫柔而包容的愛，在這個家裡，是奢侈。

這些犧牲與忍耐，也讓這些媽媽們，與孩子形成一條連結極強的臍帶——

榮俱榮，一損俱損。

當小孩長大之後，她們仍然忍不住習慣性地掌控家人、小孩的生活。但當發現無法掌控時，內心的失控感，以及覺得自己不被在乎、不被需要的匱乏與不安，自己過往犧牲、忍耐而出現的委屈感……全部爆發出來，讓這些媽媽忍不住想要挑剔並干涉家人、孩子的一切，甚至不停抱怨。

唯有孩子如以前一樣，按照她的方式做，把媽媽的話當成生活準則，整個家庭都是跟著媽媽打轉……這些以前被虧待、孤單的媽媽們，才會覺得有一絲絲的心安，才能覺得被安慰。

她們也才會覺得，自己的痛苦有被看見，藉此感覺自己過去犧牲、忍耐的那一切不是白費，而稍微覺得自己的存在是有價值的。

母女關係的糾結（註）

當母親成為「被壓迫的典範」與「文化纏足」的傳達者

對於女兒來說，「母親」可說是自己所接觸的「第一個女性典範」。因此，包含自己與男性的關係、互動方式與情感表達等，很可能都會受到母親的影響。

在家中，母親若是家中「被壓迫的典範」，遭受不合理的對待——男女不平等、被大吼大叫，甚至被打，或是成為家中犧牲、奉獻的「模範」時，母親身為女性在家庭的形象，可能會烙印在女兒的內心深處，成為她日後面對感情，進入

婚姻後的依歸。

有的時候，女兒看到母親被不合理對待而逆來順受，或是不停抱怨時，可能會希望自己不要與母親一樣，因此會時時檢視自己的行為，選擇與母親不同的生涯道路，或選擇與父親不同特質的對象，以避免自己「成為和母親一樣的人」。

但由於生活方式、價值觀的潛移默化，當關係出現困難時，女兒反應的方式，很有可能還是會因循過往自己習慣的、看到父母互動的方法。

例如，當父親時常對母親大吼大叫，甚至會出手毆打，母親仍然沒有離婚、逆來順受時，女兒固然會希望自己能做出不同選擇，問題是她並沒有更好的示範，讓自己知道在當下還有什麼更好的選擇。

再加上，因為過往經驗，使得她們對於過大的情緒與吼叫，可能會比一般人耐受度高……這些經驗可能會讓女兒們在進入關係時，容易忽略一些伴侶不尊重自己的行為跡象，如講話大聲命令、情緒急躁起伏大、因為一點小事而生氣……而較容易幫對方找一些理由解釋，以安撫自己的不舒服與害怕。

在進入婚姻後，這狀況往往會越演越烈，讓女兒變得進退兩難。

母親形塑女兒們的自我

而且，當母親成為女兒的「第一個女性典範」，母親幾乎可說擔任了女兒形塑自我的「教練」工作。

若母親深受「文化纏足」影響，認為女性應該要聽話、溫柔、體貼、端莊，認為女性的外形應該要「纖瘦、保持美好」的形象才可以，母親自然很容易在日常生活中傳達這樣的規則給女兒——要穿裙子，不能穿褲子；不可以隨便生氣臭臉，要笑臉迎人；要在乎別人的感受，注意別人的需求；要瘦，不能胖……「不然你這樣，以後沒有人會要你。」

母親傳達的這些「規條」，也傳達著一個非常重要的信念：要學會取悅他人——男人與這個社會。

你必須是長某個樣子，才能被社會、被他人或男人接受，而當你被接受時，才代表你是有價值的女性。

女兒們的自我，就在這些「文化纏足」的規條與信念的傳達中，硬生生地折斷了，而沒有深入探索、了解，甚至學會「欣賞」真實的自己的可能。

女兒成為「情緒配偶」

父親長期隱身，或是因為工作等原因不在家，甚至離開家庭，這在台灣社會是常見的狀況。

當父親隱身，大部分的母親仍然被期待，或是自我期待「應該」留在家裡照顧小孩。但內心對親密的渴求，對於丈夫的失望與憤怒感到不公平等想法，仍時時刻刻啃噬母親的心。

此時，留在家裡的女兒，就成為母親一個非常好的「相依為命的對象」。女性本身的特質，與「文化纏足」的訓練：體貼、察覺別人情緒、在乎別人感受，使得女兒更容易成為母親的「情緒配偶」。

母親可能會向女兒抱怨自己的老公、婆婆，或是任何不公平的對待，更甚者，可能會對自己所能控制的女兒，索求沒有從丈夫那裡，甚至過去父母那裡得到的愛，如：「我好需要你，你怎麼可以有自己的生活？怎麼可以丟下我？我只有一個人……」如此與女兒們形成強力的羈絆。

當母親用「孝順」的規條要求女兒

尤其當女兒漸漸長大，而母親漸漸老了，母親會突然如嬰兒般地退化，需要女兒時時刻刻注意、照顧著自己。

一旦感覺到女兒的注意力不在自己身上，甚至想要對外建立新的關係，有自己的世界時，母親會感覺到強大的孤獨感，過往被拋棄、不被重視，甚至被當「工具人」的痛苦回憶全部湧上來。

當母親感覺到自己「不重要」或「沒有價值」時，會非常慌張，也會對原本可控制的女兒產生憤怒的情緒，甚至會感覺到女兒「背叛了自己」。

因此，母親很可能會使用許多「情緒勒索」的手段，希望重新取得女兒的注意，勾起女兒的罪惡感，讓女兒能夠繼續對自己奉獻心力、照顧自己。

這些母親們，過去受到「文化纏足」的影響，過著自我要求、被虧待而沒有機會任性的生活。當她們成為了社會權力中位階較高的位置時，已成長女兒的母親，她們被社會賦予權力，可以要求女兒犧牲、奉獻，否則就是女兒「不孝」、「不知感恩」，而女兒也被這些「文化纏足」的罪惡感糾纏，覺得自己「應該」

要對母親奉獻，但卻又痛苦不堪。

母女關係在此時完全倒轉：女兒被要求成為照顧者，而母親用「孝順」的規條，或是各種「退化」的方式，憤怒、埋怨、苦肉計、自怨自艾……來要求女兒以達到目的。

其實母親想要的，只是自己的痛苦與犧牲可以被看見、被珍惜，可以感覺到「這麼努力的自己，是可以被愛的」。

但若母親不真心相信自己是值得被愛，而是必須不停地、用許多不可愛的「撒嬌」方式，向女兒確認自己是被愛著的，很有可能會使彼此痛苦不堪、過度緊密，使得兩人都無法獨立過自己的生活。

而愛，也沒有空間可以累積，剩下的，只是責任與義務而已。

和女兒成為競爭對手

有時候，我們也會在夫妻關係中看到一種「變形」：當夫妻間出現問題而迴避解決時，父親很可能會與女兒連結，女兒成為父親某方面的「情緒配偶」，滿足父親內心對親密關係的渴望。

而母親在面對丈夫與女兒關係緊密，自己無法介入而成為「第三者」時，必然會產生嫉妒與不滿的心情，因而與女兒成為「競爭關係」。

實際上，**在這個三角關係中，問題出在「夫妻關係」**。母親不滿的其實是自己的丈夫，但是若無法對丈夫表達不滿，父親愛女兒又似「天經地義」時，母親對親密關係的不滿足與夫妻關係的不滿，就很可能丟到女兒身上，對女兒產生憤怒的情緒。

而對於孩子來說，與母親建立親密關係，是「安全感」非常重要的來源。當母親無法與女兒建立親密關係時，女兒很可能沒有選擇餘地，就只能找**可以做得到的爸爸**，更努力去符合父親的標準與需要，以讓自己的不安可以稍微被安撫。

這種「與母親成為競爭對手」，類似精神亂倫的關係，對女兒的影響很大。**女兒長大之後，可能較不易與其他女性建立深厚的關係，習慣與女性成為競爭對手，甚至很容易陷入三角關係的戀愛當中**。

因為當女兒發現，自己獲得安全感的方式，很可能就是追求「擁有關係的男性」的肯定與接納，或是要透過「贏過別的女性，讓男性選擇我」來證明自己的價值時，這個習慣的模式，很可能會讓女兒在關係中遇到極大的困難。

註：這部分在輯六「爸爸的小女兒」一節，還有更詳細的說明。

輯六

男人扮演的角色

前面我們談到了女性在面對「文化纏足」時，可能遇到的困境。而身為男性，在面對「文化纏足」時，可能遇到的困難、壓力又會是什麼呢？

母子關係：逃開母親的控制，追尋理想的母愛

身為家中的長子，庭文從小知道媽媽很辛苦。

爸爸雖然有份工作，但由於爸爸的薪水，很難維持有著三個小孩的家庭，因此媽媽找到保險業務的工作，每天非常忙碌地在外工作。回家後，仍然堅持要做飯給他們三兄妹吃，也會督促他們三兄妹的功課。

雖然知道媽媽很辛苦，但庭文的媽媽時常突然暴怒，亂發脾氣，也常挑剔他們的

生活習慣或成績。

例如庭文有次穿著一件有破洞的設計感牛仔褲，媽媽看到時，蹙眉對他說：「你穿這種褲子，好像是要出去跟別人乞討。你怎麼會選這種衣服？難看得要命。」

從小，他們如果有事情做得不如媽媽的期待，總是迎來一陣打罵。

庭文的母親也不希望孩子有太多其他的興趣或社交活動，認為他們應該把注意力都放在功課上，因此對他們的生活設下很多的限制，要求他們除了上課、補習，就要回家，不能參加社團或一些課外的活動。

庭文因為受不了母親的控制、挑剔與不信任，多次與母親起衝突，甚至離家出走，只想獲得一點點自由的空間。

但每次與母親衝突或溝通，母親總是責備他「對長輩沒大沒小」，或是哭著說「我是個失敗的母親」。

庭文發現，母親覺得自己做的都是對的。她似乎不想，也無法了解孩子的心情。她認為自己很辛苦，所以孩子聽她的、受她的管控，是應當的。

庭文發現自己也很容易被母親的態度惹怒，他的情緒會立刻上揚、大吼大叫，變成另外一個人。

庭文很不喜歡容易被母親影響的自己，因此在多次衝突與溝通無效下，考上大學後，他毅然決然地選了一所離家很遠的大學，北上念書。

對庭文來講，離開家，其實就是離開了母親的控制。

他突然覺得人生自由、開闊許多。過去被限制的人生，現在多了許多選擇。

沒有多久，庭文交了一個女朋友，她獨立自主，有自己的想法，也很了解庭文。但是交往沒多久，庭文開始與女友起一些衝突。

一旦女友詢問他「今天做什麼？去了哪裡？」之類的話，即使庭文知道或許女友只是關心或好奇，但總忍不住出現很大的情緒：「你怎麼那麼愛問啊？沒事可做嗎？」

庭文也會挑剔女友的一些行為或是打扮，例如穿的服裝、說的話等。庭文覺得女友個性太直，很容易說出一些太直白的話傷到別人，而自己沒發現。

每次庭文提醒女友時，女友都覺得很受傷，因為庭文都會說：「你怎麼會這麼白目？直接這樣講？你有沒有同理心啊？」或是「你穿這樣，跟村姑有什麼不同？可以看一下雜誌或電視，學學人家是怎麼穿著的嗎？怎麼一個大學生穿得這麼沒有氣質？」

幾次衝突下來，女友提出分手。

女友說：「有的時候，我只是關心，或是好奇你的生活，問一些你生活的瑣事，但你總是會突然暴怒，甚至大罵我一頓，讓我覺得很無辜。你的挑剔也讓我覺得很受傷。每次你都說我對別人講話很直白，可是你對我不但直白，而且講話非常傷人，動不動就生氣，讓我越來越怕你。每次說話，我都要想這個問題或這句話會不會觸怒你，這讓我壓力太大了……」

聽到女友這麼說，庭文不知道該說什麼。

他隱約發現，自己的說話習慣與情緒，和他跟母親長期相處有關，自己也複製了母親對自己說話的方式與母親激烈的情緒。

但是，即使知道這個問題，庭文仍然不知道可以怎麼改善。

有的時候，庭文甚至會任性地想著：「為什麼，你就不能包容這樣的我呢？」

當一個家庭裡，父親長期隱身，而母親擔任支撐整個家的責任，為了讓一切在軌道上，**母親很容易用「控制」的方式，使得整個家能維持運作。**

但在過大的壓力、極少的人際連結與情緒的無法抒發下，母親很有可能會出現情緒起伏極大的狀態。如上例中庭文的母親，情緒起伏極大以及亟需控制家中一切的需求，讓母子關係呈現很緊張的狀態。

庭文因為想擺脫母親的控制，逃離家裡後，一方面很希望能夠找到一個新的對象——和他母親不一樣，能夠欣賞、喜歡自己的人，但是卻又忍不住用母親的方式對待自己的伴侶。

當伴侶與自己的相處，勾起庭文對母親的記憶與情緒時，庭文就很可能複製對母親的方式，轉而對伴侶大吼大叫。

有些人，可能在失敗多次後，開始學會在伴侶面前忍耐自己的挑剔與情緒。但這些情緒與挑剔的習慣，卻會在婚後，一起爆發。

夫妻關係中的男人們

或許，讀了前面的內容，你可能會有個感覺：

「這麼說起來，在台灣社會中，女性若是被壓迫的，那麼男性，必然是既得利益者吧？」

事實上，即使身在「父權社會」中，男性受制於父權制度的期待與要求，並非是個既得利益者。甚至，他們可能會在不同的情況下，被用更加隱微的方式壓迫、不被理解。

以下我將以兩個角度切入，談談身為男性，在夫妻關係中，是如何受制於父

權社會中對男性的「想像」，而無法展現真正的自己，甚至影響與身邊親密他人的關係。

女人離不開家，男人回不了家——不被允許表達脆弱的男性們

在成長經驗中，有許多男性不被允許表達情緒、脆弱與親密需求。「男兒有淚不輕彈」、「男人膝下有黃金」、「你是男生要堅強，不可以哭」……不論是家庭、學校或社會教育，或多或少都在傳達一種男性形象：堅強、理性，不能表達脆弱與需求，必須要有自信，並保有自尊。

帶著這樣的男性形象，社會對「成功男性形象」的期待，就不會是擁有一段美好的親密關係、好的家庭關係等，而是擁有成功、成就、賺大錢或有一定的社會地位。

身為男性，若你能夠擁有這些「成就」，即使你不善於社交、不太有同理心、不會溝通與表達，甚至情緒暴躁、寡言等，都能夠被這個社會接納。

因此，**許多男性沒有被訓練如何與人溝通，表達自己與理解別人的技巧，但在要進入親密關係之前，這是非常必要的能力**。

因為進入一段親密關係後，將彼此視為平等、獨立的個體，學著理解彼此，學會溝通，是建立良好關係非常重要的關鍵。

於是，有些男人，在一開始追求對方時，可能學會「扮演」體貼、在乎他人需求的人，但是當進入家庭後，不習慣與家人溝通，述說自己感受的模式，就很容易複製在新的家庭關係中，於是慢慢地，與妻子、孩子形同陌路。

身為一個人，必然有「親密」的需求，需要能夠表達脆弱、被接納。

但男性對於這樣的「親密需求」並不熟悉，且因為本身溝通技巧的限制，也讓自己在想靠近妻子、孩子時碰壁，甚至，因為「文化纏足」的影響，覺得自己不需要做「靠近對方」這種示弱的行為，認為應該是對方要來靠近、取悅自己……有些男性還會誤以為自己不需要親密關係，或是**將親密關係的需求，轉為對成就、成功的渴望**。

因為當男性擁有成就、金錢與社會地位時，就代表著會「被肯定、被接納」，而這個感受，似乎與親密關係中的「被接納、被肯定」有異曲同工之妙。

於是我們會看到**很多男性，在家庭關係、伴侶關係受挫後，將注意力轉向外面，埋首於工作當中，或者，發展對外的親密關係：外遇。**

當男性僅被要求「只要有把錢拿回來就好」

對於台灣社會的男性而言，「工作」幾乎是一個非常合理，能夠讓自己不去面對家庭或伴侶關係困難的好方法。

因為台灣社會普遍對男性花時間在工作、而沒有花太多時間在經營家庭生活的這種情況包容度很大。尤其當家庭中的女性被賦予「照顧家庭」的責任之後，男性就被允許「只要有把錢拿回來就好」。**這似乎減少了男性擔負家庭的責任與壓力，卻也阻隔了男性與家人建立親密關係的路徑**。

但重點是，若「男主外，女主內」是一個社會允許、習慣的模式，身邊大部分的人，甚至自己的原生家庭也都是如此，而沒有人認為這有任何問題時，就可能會發生：「女人離不開家，而男人回不了家」。

許多女性在進入婚姻後，會感覺身邊丈夫有所變化。她們很難聽到丈夫說真心話，發現丈夫即使有苦痛或困難，也不太會說出來，最多只會以憤怒、遷怒的方式表達。

當丈夫用憤怒來表達脆弱、自卑或受傷，要妻子或伴侶必須能夠理解與包容，有時太過艱難。畢竟，伴侶總是會認為：「我是你最親密的人，為什麼你對我態度最不好？」

因而，兩個人各自在自己的受傷與脆弱中，覺得不被理解而對彼此失去耐心。

那些痛苦、挫折與失落，逐漸讓兩人對彼此張牙舞爪、變得陌生，甚至各過各的。

男人在婚後仍是「兒子」——母子／親子問題再現

當一對情侶進入婚姻關係後，必然會感受到責任與壓力。

以男性而言，當進入婚姻關係，建立自己的家庭，有些男性開始會意識到自

己「不再是小孩子」，應該要負起家庭的責任，需要照顧自己新建立的家庭，還有原本的家庭，也就是奉養父母。

或許原本親子間因為溝通不良，這些男性用去外地念書、工作來逃離原生家庭，但是在結婚之後，突然意識到父母老了，自己應該要負起奉養的責任，特別是：若自己是家中唯一的兒子。

因為台灣文化有一個固有的傳統觀念：「身為家中的兒子，應該要照顧父母。」於是，有些離家的兒子，反而會因為結婚，而決定返家，練習與父母相處，希望能減少衝突。

將衝突歸咎於妻子身上

但是，原有的親子問題，特別是母子問題，可能並沒有隨著時間改善；甚至因為多了一位新的家人——妻子，而讓這些衝突浮上檯面。

雖說妻子是新的家人，但對這些男性的「舊家庭」而言，妻子一開始仍難以擺脫「是個外來者」的標籤。因此，當原有的親子衝突再現時，有時男性的父母，為了不讓好不容易「返家」，與自己重新連結的兒子再離家（不管是心理上或是物理空間上），因此會想把這樣的衝突張力全部歸諸在「外來者」——也就是「新嫁婦」身上。

如同前文提到，許多男性並沒有被訓練面對衝突情緒、溝通與改善關係的技巧，也缺乏這樣的成功經驗（畢竟他們當初選用的成功方法是「離開」），但若帶著希望能夠「孝順父母」的責任感，不打算隨便離開時，他們很可能也會把壓力轉到妻子身上，要求妻子與自己一樣，選擇忍讓，奉養父母。

這種情況的癥結點是：丈夫將自己「奉養父母」的理想化期待，放到妻子身上，加上父母不想與好不容易返家的孩子衝突，因此兩方可能會將彼此的不和與問題，歸咎在妻子／媳婦身上。

畢竟，若覺得是自己兒子不孝或不好，很難不影響父母對自我的感受，而產生「認知不協調」：「教出一個不孝的兒子，是不是我的問題？」但若是媳婦不孝，可以歸咎她的原生家庭。

父母會藉由將衝突移轉到媳婦身上，以讓自己達到「認知協調」，例如：「我兒子很乖的，結婚後才變了。」丈夫則藉由將「孝順父母」的理想化期待與

責任放到妻子身上，如此，自己不用面對與父母長久以來的親子問題，甚至，會忽視父母對於自己與妻子的差別待遇，以此換得表面的和平。

尤其，**當丈夫與母親原本就有的母子問題，結婚後，很容易轉成婆媳問題**。婆婆為了要留住以前那個離家的男人——自己的兒子，好不容易兒子心理上開始返家，身為母親的婆婆，會更努力維繫著這個連結，為兒子做得更多，也會要求媳婦用婆婆的方法，努力把家中的這個男人留下來，如好好做家事，盡心盡力為了家庭犧牲……

因此，應該以新家庭為重心的丈夫，可能因為與原生家庭心理上的連結或空間上的連結（搬回家中），使得這個應該已經成人的男人，突然地又變回了「兒子」。婆婆也會要求媳婦，要如同「自己照顧兒子」般照顧丈夫。

尤其在台灣社會，傳統的觀念是：「家事是女人的事」。若以現今社會鼓勵男女平等，因此家庭中若只有夫妻兩人，兩人可能比較能夠討論關於家事、其他事務的分工，畢竟以夫妻來說，兩個人是在相對平等的位置上。

但若加入了公婆等因素，特別是，如果婆婆以前家事一把抓，認為自己對家庭的照顧無微不至，就很可能會用同樣的標準要求媳婦，希望媳婦能夠如同她一般，照顧家庭、照顧自己的兒子。

男性對妻子的矛盾與要求

更甚者，有些男性，會出現這樣的矛盾：結婚前，找尋伴侶時，希望自己找一個與自己母親完全相反的女性作為伴侶。但是在結婚後，又忍不住會把妻子的表現，與自己的母親相較，而覺得妻子做得不夠，或是不如母親做得好。

這些男性既希望女性能夠犧牲、奉獻，但又希望她們的犧牲、奉獻是無條件、沒有抱怨與痛苦的，因為**她們的痛苦會帶給男性罪惡感，而這個罪惡感太難消化，會讓他們覺得挫折、覺得自己糟糕**。

因此，他們對母親「未了的期待」，常無意識地放到了妻子身上，甚至用社會期待來包裝這些期望：「本來家事就是女人在做的」、「本來帶小孩就是媽媽的責任啊」、「不要管男人的事」等。

他們期待：希望被照顧、怕麻煩、不想負太多責任；想享有「當兒子被照顧」的權利，還不想成為「照顧別人」的成人，但也不想要「像孩子一樣被

管」……有著這樣的心情，但卻沒有察覺，或是說不出口，反而使用聽慣了的「社會主流價值觀的話語」隱藏起來，以顯得自己提出的要求非常理直氣壯。

妻子／媳婦成為工具人

其實，**很多時候，丈夫並非有意識地這麼做，而是習慣在不直接提出自己的需求與感受下，學會用「這是社會期待」、「這是你的責任」來隱微表達自己的需求。**

只是，當自我需求藏在這些話中，變成「你應該」、「你一定要」，社會觀感與期待成為男性最大的後盾時，這些事就再也不是「他的需求」。因為若是個人需求，夫妻間還可以討論、協調，但當這些事成為「沒得討論、選擇」的責任時，妻子就可能必須要照做。

在這樣的「責任」與「期待」之下，妻子／媳婦很容易成為家中的代罪羔羊，甚至感覺自己成為「工具人」，夫妻間的衝突必然會更加白熱化。

長期在台灣社會文化訓練下，若沒有特別意識，丈夫可能會期待妻子「聽話、孝順」，忽略了妻子的感受與需求。妻子容易感覺自己變成工具，而丈夫也無意識地，成為社會壓迫女性的一環。

處在這樣的不平與委屈下，妻子很難不抱怨，公婆也不見得滿意，而男人更是感受到自己「夾在兩代之間」，不知道如何減少彼此的衝突。

溝通、協調並非社會期待男人需要擁有的能力，但是面對這些因為不了解、不熟悉或是原有的「母子問題」、「父子問題」與新的狀況加在一起，成為各種糾結難解的情緒衝突與溝通不良時，會使得這些男性出現很大的挫敗感。

逃了一輩子，卻發現哪裡都沒有自己的位置

這個挫敗感與過去面對父母而無法溝通的感覺很像，甚至更加困難、複雜，讓他們不知道該怎麼辦。因此，**有些男人，就用以前年輕時面對父親或母親的方式來面對妻子：逃離**。

逃到外面去，逃離關係，逃到社會價值都能認可的工作裡。

逃離關係或許就不用面對問題，而且，畢竟工作帶來的成就感相對「可

控」，可以一定程度地沖淡自己面對家庭問題的挫敗感與失控感。或是逃到手機、遊戲裡，那些3C產品，都是保護自己，不用去面對這些挫折的「防護罩」。

甚至，為了不去面對那些問題，有些男人，會逃到另外一個女人的身邊。年輕的時候，從母親身旁逃開，逃進另一個女人的懷裡；長大了之後，從老婆身邊逃開，再逃到另一個人的懷裡。

逃著逃著，當時間慢慢推移，有些男人，發現自己逃了一輩子，哪裡都沒有自己的位置。

丈夫成為壓迫自我的整個社會代表

有的時候，丈夫不一定會如上文所說，期待妻子做到自己做不到的事情：孝順、奉養父母。但是當丈夫會習慣順從或忍耐、不起衝突時，丈夫很容易把這個習慣傳達給妻子，要求妻子跟自己做同樣的事情。

有時候是因為害怕衝突，「多一事，不如少一事」，覺得很麻煩等；但有的時候，其實是過往與父母相處的經驗，讓這些男性知道：「衝突也沒有用，只是讓他們找到機會找你麻煩而已。」因此，**這些男性可能用自己過去學到的經驗，告訴妻子：「算了，你就忍一下。」**

但對於妻子而言，若感受到被壓迫、不合理與委屈，又因為長期的「社會訓練」，讓女性覺得直接對長輩說出自己的需求、衝突，是一件很沒有禮貌、很不孝的事情，女性就可能會把這個期待與責任「放到男性身上」，期待自己的丈夫如屠龍王子一樣，幫自己去衝鋒陷陣，擋在公婆面前，保護自己，提出自己的需求。

只是對這個屠龍王子而言，之前幾次的交手，可能已經「零勝N敗」，且面對的對象，並不真的是惡龍，而是自己的父母。

帶著這樣的恐懼、無力感與「不應違逆父母」的罪惡感，在現實中，要期待這個屠龍王子做到「保護公主」的責任，變得比童話故事還艱難幾百倍。

妻子很難不對這樣的丈夫失望，很難不感受到自己的委屈，而很容易將「被壓迫」的怒氣，全部發洩到自己的丈夫身上。

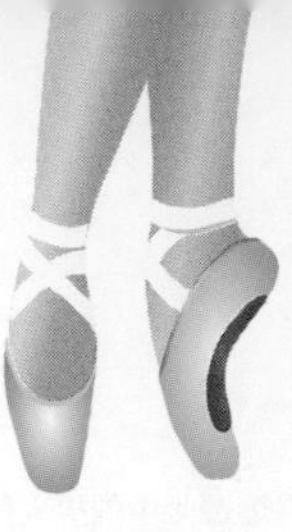

就像前面提到，丈夫會希望妻子扮演好「孝順媳婦」的不合理期待，妻子有時也會在這些「不能明顯反抗的『被壓迫』」中，覺得委屈、憤怒，而對唯一可以生氣，可以幫助自己的丈夫表達怒氣，丈夫因而不免承擔過度的怒氣。

這其實都是因為：夫妻是彼此最親近的人，而兩人對彼此的期待也最高。因為除了彼此以外，或許沒有其他人，會真正在乎、了解自己的感受。

當然，若無法做到彼此的期待與需求時，對彼此與這段婚姻的失望、憤怒也會最深。

但**這些失落，並非是個人的問題所造成，而是整個社會、文化、家庭與個人交織而成的結果**。

若我們能更深入理解這部分，而**非將問題歸咎於個人**，或許，我們就有機會覺察，互相幫忙，從這些綑綁的文化裹腳布中掙脫。

父女關係：權威情結的養成

許多書籍討論到母親對女兒的影響甚大，但實際上，父親對女兒的影響也不容小覷。

在一些家庭中，父親代表的仍是一家之主，是「權威」的展現。因此，一個父親所傳達的文化訊息，有時可能會比母親更容易被女兒認可、接受而照做。

例如，當父親對待母親的方式，是「家裡的開支都是我出的，你要做的就是乖乖聽話，把家裡的事情做好」，認為「男人是天，女人就是要聽話」。

女兒可能會從父親對待母親的方式，學到「自己被這麼對待，好像也是正常

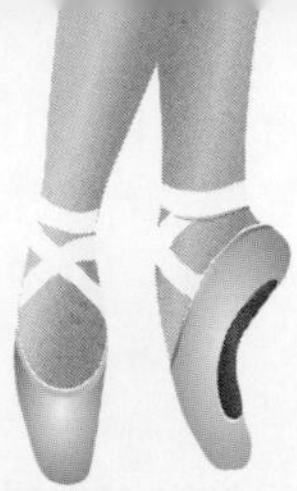

的」，而無意間吸收了一些性別僵化、歧視的價值觀。

即使後來學習「性別平等」的概念，但若被男性錯待、不尊重，很有可能會因為這行為「符合家庭習慣的模式」，而讓女兒變得比較能夠忍受，而沒注意到需要為自己設立界限，保護自己，甚至應該要離開一段不被尊重的關係。

除了女兒觀察父親如何對待母親，而形塑自己對於「男性可以如何對待女性」的觀點外，父親與女兒的關係之糾結，對女兒的影響不亞於母女關係。以下簡單討論幾種常見的父女關係：

父親：女兒的第一個「權威」

傳統社會，常仍覺得父親是一家之主。有許多家庭，家中的氣氛是跟著父親的心情起伏的。

身為家中的「權威者」，很多時候，正是家中建立規則與傳達社會價值觀的重要人物，其所說的話、所表現的樣子，會影響女兒對於「社會期待是什麼」的觀點。

若父親本身比較沒有自信，認為「被別人接納」、「被社會接納」是一件非常重要的事情，很可能會這樣要求自己的女兒：希望她的穿著、打扮、身材、談吐能夠「女性化」，能夠在意別人的感受，要端莊、不能憤怒，甚至會警告女兒：「你身材這樣／年紀這麼大／脾氣這麼差，有誰會要你？」也較不會鼓勵女兒「為自己爭取應得的權利」。

這些日常生活常見的貶低語言，容易讓女兒內化成對自己的看法，也可能會讓女兒習慣「被男性批評、定義」，而允許其他男性對自己這麼做。

若父親長期自卑，在面對女兒長大，開始有自己的想法與意見時，可能會因為女兒不聽自己的話而覺得生氣、憤怒，說出「我是你爸，你這是什麼態度？」這樣的話。而這樣的表達，也可能會讓女兒對男性權威有一種感覺：「很多男性權威，無法跟他講道理。若你想跟他溝通，他會憤怒、會傷害我。」

帶著這樣無助又失望的感受，進入社會中，女兒可能會有兩種因應狀態：覺得憤怒，特別討厭，且會反抗這種與父親類似的權威；或者，也可能會毫不抵抗地順從，因為覺得對方一定不會聽自己的意見，不在乎自己的想法。

這種面對權威的「習得無助感」，只能順從或覺得對方一定無法溝通，很多時候的確是從父女關係中學來的。

「如果我不聽話，我可能會被傷害，可能會被責備，被認為不好或不對。因此，隱藏自己的感受與需求，扮演好別人需要我扮演的角色，是我生存、獲得價值的要件。」

「父親的女兒」（註）

若是女兒很認同父親，希望獲得父親的肯定，或是很認同父權社會以「成功」為主價值，很希望獲得主流社會的肯定與認同，嚮往「精神上的父親」——也就是「權威」的肯定時，女兒可能會非常努力地去獲得成就，以博取認同。

尤其是，若父親在養育女兒的過程中，期待女兒可以「成為兒子」時，可能會說：「你要努力向上！男人做得到的，你也做得到！」而父親沒有說出的或許是：「我期待兒子可以成為我的另一個分身，達到我的夢想與期待。但當我只有女兒，或是女兒表現得比兒子好時，我就會把這個期待放在女兒身上，望女成龍。」

當父親無意識地對女兒有如此的期待，而女兒又接收了這樣的期待，並且做得到時，就會不停地努力，成為隸屬於父親，用以完成父親夢想的「工具」。

「父親的女兒」這類的故事其實非常常見，例如小說《無聲告白》裡的莉迪亞，或是電影《決勝女王》（Molly's Game）中的莫莉。前者成為證明父親被西方社會接納的代表物，後者成為父親在中年危機時，藉由優秀的子女，以再次證明「父親是個優秀的人」的錦上添花。

不過，有趣的是，如同前面提到，有的時候，這些女兒們，認同的可能不一定是自己的父親，而是「精神上的權威」。這些女兒們，接受父權社會對「成功、有價值的人」的定義與標準，對於社會對男女的不平等、對於女性能力次於男性的刻板印象感到忿忿不平，因而會更要求自己的表現必須要超越男性，獲得外在的成功與肯定，以證明自己的價值。

但若原本應該成為這些女兒們的「偶像」的父親，因為展露出一些黑暗面、

缺點，而讓女兒們失望後，女兒們可能會繼續汲汲營營於自己的成就，或找尋自己內心肯定的「父性權威」，反而與父親的關係，呈現反抗而緊張的狀態。例如《決勝女王》中，莫莉與父親的關係便是如此。

莫莉的父親對莫莉要求非常嚴格，莫莉一方面不服輸地想要達到父親的期望，一方面又想反抗父親的標準與看法，不想按照父親的安排去做。

對於莫莉的叛逆，一開始看似青少年對嚴厲權威的反抗，但後來才發現，莫莉的反抗，是因為發現父親外遇，於是對父親失去了敬意。

原本對父親的尊敬與愛，使得自己難以消化這個失望，於是成為極大的憤怒，反抗著自己的父親，但又無意識深深地希望獲得父親的肯定與愛。

身為「父親的女兒」，可以說是被社會主流價值中「成功才是有用」所馴化的女性。這些女性，可能會有自己的想法，但仍要求自己要先做到社會或父親覺得是好的、正確的標準，才能有限度地，用剩餘的力氣完成自己想做的事。

「爸爸的小女兒」

有句話說：「女兒是爸爸的前世情人。」有些父親對於女兒相當溺愛，與女兒的關係親密，甚至超越了與自己妻子的關係，特別是當爸爸與妻子感情不睦，無法建立親密關係時，有些爸爸會把親密的需求轉向女兒。

對某些男性而言，向女兒索取親密感，會比向妻子索求容易得多。因為，若男性習慣於與女性的關係，是自己在「比較高的位置」：能力較好、可以給予、可以被崇拜、被肯定，自己所提出的需求也比較不容易被拒絕時，面對與自己地位接近平等、難以掌控的妻子，甚至與妻子間出現類似與母親的不對等關係時，缺乏溝通與協調經驗的男性，難以面對這樣的夫妻關係並加以調整，除了如以前一般，選擇如逃離母親般的逃離妻子外，為了擺脫這些被掌控的感覺、滿足自己親密的需求，「女兒」就會成為一個容易被選擇的「安全選項」。

若父親對自己這方面的需求沒有意識，很可能會藉由「父女關係」來滿足自己的情感親密需求，因此女兒容易與父親在情感上與身體上界限不清，也習慣接受父親對自己特別的關愛與照顧。

在這種情況下，女兒從父親身上，也獲得一部分「自我」想被男性權威肯定、被全心重視，以及親密需求的滿足，這很可能會使得女兒不容易與其他男性建立關係，或是會期待找到一個男性，如爸爸般愛自己、照顧自己。

由於女兒一直對愛的感受與想像是如此，當伴侶無法如爸爸般包容、全心愛護自己時，女兒很可能會認為這不是自己的「理想情人」。認為自己「不被愛」，甚至不想做任何的協調、溝通，而決定離開關係，回到與父親「全然被疼愛、不會被拒絕」的關係裡。

在父女關係如此親密的連結中，母親成為像「小三」一樣的存在，母女的競爭關係已然成形。

當男性藉由父女關係來減少夫妻關係的緊張感，必然會使夫妻關係更為緊張；而女兒過早成為母親的「競爭者與破壞者」，也使得女兒沒辦法與母親建立夠好的安全感及母女間的親密感。

如此，習慣與女性競爭、「奪愛」以確認自己價值的模式，很可能會讓女兒有時在社交上過於孤立，無法與其他女性建立深入的友誼，而難以拒絕某些男性的求愛，甚至不小心陷入三角關係而無法離開。

覺察，是改變的開始

若我們沒有覺察與父親的關係對我們的影響，很有可能會影響我們在面對社會期待、職場主管與任何類似權威時的相處模式。

我們可能會痛恨社會期待，卻又下意識地認為應該要遵守。我們忍不住為了別人的目光，而努力爭取更好的表現，卻沒有停下來的一天。我們害怕表達自己真正的感受、需求與意見，而將這些發聲的權利交給了其他男人。因為我們認為，自己的聲音不會被聽到，也不會被重視，只能讓男人當自己的「代言者」。如此，我們無法相信自己是個獨立的個體，可以不需要依靠男人而獲得自我價值。

我們可能會為了各種男性的肯定而汲汲營營卻不自知；面對許多男性給女性的標籤，我們也可能因為從小已經習慣「被別人批評、定義」的模式，於是吞下了這些標籤，而自我貶低、懷疑，因而痛苦不堪。

這些文化的裹腳布，我們若已有意識、覺察，那麼「改變」，其實就已經開始了。

但是，除了覺察之外，我們是否能夠再為自己做些什麼，能夠擺脫這些束縛我們成為「獨立自我」、成為「自己」的裹腳布呢？

註：在河合隼雄所著的《源氏物語與日本人》一書中，也有提到類似的概念。

輯七

女性的自我覺醒：如何改變？

覺知：丟掉你的裹腳布

綑綁你的是什麼？

綺茵面對丈夫長期、多次外遇，且對待她相當不尊重、輕蔑，其實已經忍受很久。

綺茵說：「我覺得我們之間已經沒有愛了。在家中，我永遠是要待在家裡照顧家、照顧小孩的黃臉婆角色，而他可以自由自在地到處去，我其實已經厭倦這個角色。我自己有經濟能力，也不覺得自己沒他不行。但是我很在意社會對離婚女性的看法，連我自己都覺得，『離婚』代表這個女性可能是失敗的，而且，好像我是『被拋棄的』。這些別人的眼光，讓我無法忍受。」

從綺茵的例子，可以看到「自我的需求」如何被那些一直傳承下來的裹腳布綑綁著，以至於無法做自己最想要的選擇。

綺茵很清楚，自己已經不想留在這個婚姻裡，不想被當成「工具人」。希望自己可以不再被輕蔑地對待，可以被尊重、被愛護，但卻因為他人的眼光，而無法做出自己最想要的決定。

這時候，或許我們就應該把裹腳布指出來，了解它的面貌，清楚它影響我們的方式。

婚姻不等同於女性價值

就綺茵的狀況來說，「裹腳布」有兩個部分：女性若婚姻失敗，就是一個

「失敗者」，以及，當離開一段關係時，女性容易覺得，或是被別人覺得，自己是「被拋棄」的。

但，這是為什麼？男性為何不像女性，容易有這樣的感受，或被別人這麼評價呢？

社會上對女性的期待，是「必須經營一段成功的關係」，男性是「必須要有成就」，因此「離婚」，在社會眼光中，對男性而言，只代表他生命中的一個面向；而對女性，則可能等於她生命中幾乎全部的面向。

婚姻的好壞，可能就影響別人對女性的定義。

但實際上，社會風氣不停在改變。不過，**有時候，最困難改變的，並不是社會，或是身邊的人對女性的看法，而是我們內化了這個「裹腳布」，把它用來綑綁我們自己的內心**。

如果女性自己也認為，「離婚」等於「失敗的自己」，就會更放大他人對自己離婚的看法。

但實際上，以現在的社會而言，每個女性的長成，絕對都不是以結婚為前提去學習、培養的。

女性一樣有求學階段，培養自己的興趣與專長。就職後，有自己的工作生涯，累積了經濟能力，拓展了朋友圈……婚姻與孩子，其實只占了長長生命中的一部分。

如果婚姻等同於女性價值，這不是很弔詭嗎？

離婚不等於被拋棄

另外，關於「離開一段關係」，女性會感覺到自己是「被拋棄」的，似乎自己是比較無力、不好的，使得有許多女性更難離開一段關係。

即使那段關係讓自己非常失望，卻會擔心自己不好，難以找到更好的關係，因此「沒魚，蝦也好」地留在原地忍耐。

但實際上，**「被拋棄」這個概念，也是一個社會加諸在女性身上的裹腳布**。

例如，若飼養寵物的主人，丟下飼養的寵物不管，我們會說寵物「被拋棄」。父母丟下小孩不管，而小孩還小，還需要父母的照顧，我們也可能會覺得小孩「被拋棄」；可是，如果小孩已經長大，例如已經是三十多歲、有經濟能

力的男性或女性，而父親已經六十多歲，父親對孩子說「我要跟你斷絕父子關係」，在這樣的情況下，我們會覺得孩子被父母拋棄嗎？

我相信大部分的人都不會這麼覺得，為什麼呢？

因為比起父母，長大成人的孩子，可能擁有更多的資源，也能夠照顧自己。特別是，若今天兩人在平等的位置，關係斷裂時，只會讓人覺得「兩人分開」了，而不會覺得「誰拋棄了誰」。

只是，不論是情歌、媒體的戲劇呈現，或是社會價值觀的灌輸下，當男性與女性分開時，時常會認為女性是「被拋棄的」。

這代表著女性一直是較為「弱勢」的一方，不能照顧自己，甚至「只能被選擇」。兩邊的優劣就在這樣的裹腳布下，讓女性不自覺地認為自己需要有一段關係，需要依賴男性，才能是一個「被社會肯定的人」。

但現在女性多半有自己的經濟能力，甚至可能比男性更好，也有面對生活、解決問題，以及照顧自我與他人的能力。

當實質上，並非沒有對方就會活不下去，又何來「被拋棄」之說？兩人分開，也只不過是彼此愛的消逝，或是目標不同，無法相處的結果而已。

所以，**當女性需要離開一段關係，記得，那與你的價值無關，也不是因為你不夠好而被拋棄**，只是因為：或許你們彼此已經漸行漸遠，不再適合，而這是你為了自己的幸福、快樂，所做出的決定。

列出綑綁你的裹腳布：那些「應該」與「一定要」

那麼，要怎麼知道，現在綑綁著我自己裹腳布是什麼呢？

首先，我會建議你，**先重新評估你現在的生活，思考有多少決定與選擇，是因為「你自己真的想要」，還是「為了別人的想法、感受」等做的決定**。

面對是因為「別人」而做的決定時，練習列出自己「害怕」的理由，然後問問自己：「為什麼我這麼害怕這個？這對我的影響真的有那麼大嗎？」

以綺茵的狀況為例：

◆目前的生活，我是不滿意的，狀況是：

先生長期外遇，對我不理不睬，且對我態度輕蔑。我在家就像工具人，但又被綁在家裡。

◆我真正想要的改變是：

我想要讓自己快樂，過自己想要的生活，不想要忍耐別人對我不尊重的態度。

◆我目前做的決定是：

留在婚姻裡面忍耐。

◆我現在做的這個決定，是為了別人，還是為了自己？如果是為了別人，我的害怕是什麼？

是為了別人，因為我害怕的是：我怕別人覺得我婚姻失敗、是個失敗者。我覺得自己很像是比較差的、是被拋棄的。

◆這個「擔心」對我實質上的影響是什麼？請詳細列出。

回娘家的時候，可能必須面對鄰居的指指點點、親戚的詢問，或父母的不諒解。別人可能會覺得我有問題或很可憐。

◆如果我做了我真正想要的決定，實際上會有的影響（結果）是：

可能需要面對一些不熟的人的詢問或懷疑，但其實父母知道我的狀況，對於我要離婚的事情，也是支持的。朋友其實也都站在我這邊。不熟的人跟我的交集很少，其實也不一定很需要在意。

◆我是否可以因應或承受？

如果我自己能夠相信：離開一段婚姻，無損於我自己的價值，或許我會更能因應這些別人的看法。

若你已夾在一個進退兩難的情況，上述的問題，或許可以幫助你釐清：

※你真正想要的是什麼？

※綑綁你的裹腳布（從社會因承的價值觀）是什麼？

但若你並沒有一個明顯清楚的「問題」或「困境」，只是長期覺得自己在他人的期待、需求下疲累不堪，或是不停重複同樣的困境，例如同樣的人際關係模式等，我建議你可以用以下的練習，找出「綑綁你的價值觀、信念」：

★我應該……

★我一定要……

★我不能……

以這些句子開頭，找一個可以沉靜下來、一個人的空間。做幾個深呼吸之後，讓自己開始書寫。

請盡量自由書寫，挖掘出你的「內在信條」。**這些「應該、一定要」，多半都是後天的訓練，是一種無形的裹腳布，影響著你的每個決定與作為。**

努力挖掘，你會越來越了解你自己究竟被哪些東西「困住」。

家庭傳達給你哪些價值觀？

「家庭」可說是綑緊你的裹腳布的重要一環。

在這個部分，我想要邀請你：找一個安靜的地方，拿著紙與筆，與我一起來思考一下幾個問題：

一、在童年時，你的父母，或是你的主要照顧者，最常對你說的話是什麼。

例：你是大姊，要學著體諒爸媽、照顧弟妹。

二、除此之外，他們說的哪些話／做的哪些事，或是你在家庭中的成長經驗，如何形成了你內心的「我應該」、「我一定要」、「我不能」？

例：我被要求要負責任，要照顧別人，要做榜樣給手足看，不可以發脾氣、任性，要努力替別人著想。

三、這些「應該」，如果那時候沒做到，會發生什麼事？當時你的感受如

何？後來你做了什麼決定？

例：如果我沒做到這些事，或是說出自己的感受，父母就會責備我，說我脾氣很差、很自私、「以後不會有人要你」，甚至打我，或是不跟我說話。

當父母生氣地打我或不理我時，我會覺得很害怕，覺得自己不好，沒人在乎我的感受。被責備時，我也會覺得憤怒，但是慢慢地覺得憤怒沒有用，於是就越來越沒有感覺了。

我好像決定要努力做到父母的要求，讓他們不要再打我或責備我，能夠對我和顏悅色，這樣我也會感覺比較好。

四、這些「應該」，怎麼影響你過去與現在的生活？

例：我很在意別人對我的看法，會很努力做到別人對我的期待，不太向別人說我做不到什麼事情，也不太會跟別人求救。有時候我會覺得很辛苦，甚至覺得自己如果對別人「沒有用」，別人就不會在乎我。我會覺得自己似乎沒什麼價值。

五、對現在的你來說，如果你沒有做到這些「應該」，會發生什麼事？

現在其實會有人對我說，覺得我很辛苦，甚至想要幫我忙。因此如果我真的不做，也許不會發生什麼恐怖的事。但是我下意識地會覺得焦慮，所以還是會習慣做好所有的事。

順著這五個問題，或許**你會慢慢辨識出你因循了家庭灌輸給你的價值觀，這些價值觀限制了你的生活選擇**，甚至讓你覺得過度壓力與痛苦。

或許回答完五個問題，你會感覺：「雖然我好像知道家庭的價值觀怎麼影響我，但我還是沒辦法擺脫。」這沒有關係，若我們能夠先覺察被影響的部分，我們就有機會一步一步地，擺脫那些「應該」的裹腳布，重新找回自己的標準。

接下來的練習，我會陪著你，一步一步地找回屬於你自己的「人生準則」，與自己的人生。

周圍的人對你的角色，有什麼期待？

除了家庭之外，社會、周遭的人對女性的「角色期待」，也會影響我們對自己的看法，成為我們的裹腳布。

練習把社會、周遭的人以及你自己對你的角色期待寫下來，並且重新辨識這些角色期待對你的影響：

★「媽媽」的角色期待：

別人對我的期待：

我對自己的期待：

這些期待對我的影響：

★「妻子」的角色期待：

別人對我的期待：

我對自己的期待：

這些期待對我的影響：

★「媳婦」的角色期待：

別人對我的期待：

我對自己的期待：

這些期待對我的影響：

★「女兒」的角色期待：

別人對我的期待：

我對自己的期待：

這些期待對我的影響：

當你寫下這些期待之後，或許你會更清楚影響你的生活、決定的是哪些聲音。不過，就算清楚辨識出這些聲音，也很可能會出現「我知道，但是我做不到」的狀況。

會出現這種情況，很多時候是**因為長期地遵守這些準則，而被訓練出的「習慣性的罪惡感」所影響**。

接下來，我們將一起面對你內心的罪惡感，找出你的「負面信條」如何影響你。

面對你的罪惡感：找出你的負面信條

或許當你發現那些綑綁你的裹腳布——也就是他人灌輸給你的信條時，你已經開始想要擺脫這些束縛，想要開始做出不一樣的選擇。

但你發現，當你想要做出和以前不一樣的決定時，你會出現「自我責備」、「自我懷疑」的聲音，於是，你內心「習慣性的罪惡感」，可能會把你困住，讓你最後還是做出與之前一樣的決定。你可能因而對自己失望，覺得自己無能為力。

「面對罪惡感」或許是擺脫這些裹腳布最困難的事情。你或許會這麼想：「如果大家都這麼做，或者，大家都期待我這麼做，那麼，我真的可以做自己的選擇，而不會變得『自我感覺太良好』，甚至『自私』嗎？」

因此，我們需要去面對這個「罪惡感」，辨識它的模樣，以及它如何影響你。並且，讓你了解：就算面對這個罪惡感，你仍然有力量可以做出自己的選擇，而不是完全被這個罪惡感給綑綁，變得只能選擇「安撫這個罪惡感所產生的焦慮」或他人期待的方式去做。

接下來，你可以依照我們的練習，檢視屬於你的「罪惡感」，是如何成為你的「隱形裹腳布」，隨時控制你的行動。

「檢視你的罪惡感」練習

當發生了一件事，你並不想依照別人的期待去做。你想要拒絕，但卻有些猶豫，或是你拒絕了，但內心卻覺得很不舒服，那麼，你就可以開始做這個練習。

例如，住在婆家的語紋，大年初二想要回娘家，但是婆婆卻希望語紋當天留下來幫忙做飯，因為語紋的小姑們都會回家。語紋覺得這對自己是不公平的，自

己難得可以回娘家一趟，但內心卻猶豫自己是否可以拒絕婆婆。

◆你內心的罪惡感是什麼？請寫出完整的句子與你的感受。

例：我覺得我好像應該要做到婆婆的期待，不然她會失望，而且她可能會生氣。我覺得讓婆婆生氣的我，似乎不是一個好媳婦。

◆問問你自己，如果要為這個「罪惡感」對你的影響程度評分，總分一到十分。十分是最嚴重，一分是幾乎沒有，你會為這個罪惡感評幾分？

例：我的感覺有些焦慮、糟糕，這個罪惡感會影響我的決定，所以我覺得有七分。

◆為什麼會出現這個罪惡感？是否有些裹腳布信念造成你的罪惡感？

例：因為我覺得身為媳婦應該要聽婆婆的話，而且我也覺得讓別人失望似乎是一件不好的事情。

◆這些裹腳布信念是從哪裡來的？是現在會有別人這麼要求你，還是不一定有別人要求，只是你自己這麼覺得？

例：可能大家都沒有明著說，但隱約對我有期待，而我也覺得自己好像應該要這樣做。似乎從我小時候就覺得「不可以讓大人失望」，而我對於媳婦的角色期待，也讓我覺得似乎「應該」要這樣做。

◆如果你不照做，你會對自己說什麼？

如果我沒有照做，我可能會對自己說：「他們一定覺得你很自私。」「很不替別人著想。」「是個不體貼的壞媳婦。」……

當你回答完這五個問題，特別是回答了最後一個問題時，你可能就會發現你的「負面信條」，而**「負面信條」是造成我們內心罪惡感的重要關鍵**。

當你有能力找出自己的負面信條，你才能有機會重新檢視：這個負面信條，是真的嗎？你是否還要被這個負面信條所綑綁，讓自己的人生受限呢？

「列出你的負面信條」練習

做完「檢視你的罪惡感」練習後，或許你對內心的裹腳布有更深的了解。當你不想完成「應該」、「一定要」的責任時，內心出現屬於你的負面信條（自我監控）是什麼？請試著列出。

例如：

★我不應該拒絕婆婆。這樣，她一定覺得我很自私，不是個好媳婦，別人一定也會覺得我不懂事。

★身為全職媽媽，我不應該試圖找人幫我一起帶小孩或做家事，這代表我沒有盡到我自己的責任，過得太爽。

★身為妻子，我不應該一天到晚讓老公外食，都不煮飯。這樣，我沒有盡到我自己的責任，老公也會對我失望。

……

試著列出那些會讓你產生罪惡感，在內心監控你、責備你的「負面信條」。讓你清楚了解：會影響你的決定、判斷，箝制你的行為，究竟是哪些聲音。

唯有練習辨別，我們才有機會擺脱。

面對你的負面信條：你是否可以有其他選擇？

當你覺察那些別人綑綁在自己身上的裹腳布，並且練習辨識自己的罪惡感與負面信條後，你可以開始問自己一個問題：

「這些信條，我非得相信或照做不可嗎？」

面對「我應該」與「我不應該」時，或許你我從來沒有懷疑過，**這些「應該」究竟為什麼「應該」**。帶著這些過往一層一層纏上的裹腳布，我們或許從沒有質疑過，**這些「應該」，究竟為什麼讓我們深信不疑**。

因此，在這一個章節，我鼓勵你開始練習面對你的負面信條，重新思考：

「我是不是有其他的選擇？」

「面對負面信條」練習

檢視你內心的那些「應該」與「角色期待」，並且問問你自己，這些信念是怎麼來的？

◆例：為什麼我會覺得自己「應該」要做些什麼，特別是為了別人？這個信念是怎麼來的？

可能因為在我的成長經驗中，我時常被提醒，如果不按照別人的要求去做，就得面對別人的情緒、憤怒或責備，甚至可能會破壞我與別人的關係，那讓我覺得自己很糟糕，所以我習慣覺得「自己『應該』要為了別人犧牲」。

◆如果按照那些「應該」去做，做出這個決定後，你的感受是什麼？會對你與身邊的人造成什麼影響？

如果我最後按照婆婆的期待，大年初二留在家裡幫忙煮飯，迎接小姑回來，我會覺得自己很委屈，覺得大家都是人生父母養的，為什麼自己要這麼犧牲，過年不能回家看自己的父母？

這個決定，雖然會讓婆婆滿意，但是我會覺得很委屈、很難受，覺得我的感受沒人重視，而且我也會氣我自己，還有氣提出這個要求的婆婆，覺得她很自私。這個決定會讓我覺得自己很沒有用，也會影響我對婆婆的觀感，影響我與婆婆的關係。

◆如果不按照那些「應該」去做，會發生什麼事？你是否承受得住？

現在的我，如果不按照婆婆的期待去做，她可能會不開心，說不定親戚也會知道，可能會影響對我的看法。

他們對我不開心，會讓我焦慮，但是或許不會這麼嚴重地破壞我和婆婆的關係，因為大部分時間我都住在婆家，她知道我其實做了不少事。

我不希望我的委屈讓我變得很難留在那個家。如果我的拒絕，可能會讓婆婆不開心，或許我不需要太過在意，因為她期待我留下來幫忙，所以面對我的拒絕，會失望、不開心是正常的，我或許不需要太把這件事情、她的情緒，當成我自己的責任。

學會安撫「習慣性的罪惡感」的語言，建立界限

在上述的例子中，我們練習如何與自己對話，了解自己的感受，並且練習在面對「進退兩難」的壓力下，做出自己想要的選擇。

不過，要做到上述的練習，除了要檢視自己的裹腳布與負面信條，了解它們如何影響自己外，也必須要練習了解自己的感受，以及學會與他人「建立界限」。這部分，我們會在之後「找到自己」的單元中詳述。

除此之外，阻止我們做出「自己想要的選擇」，還有一個非常重要的關鍵：面對「負面信條」時，內心習慣升起的罪惡感太過巨大，我們從來不習慣抵抗，總是臣服於它，這也會讓我們無法面對如此大的「焦慮」，而難以做出自己「想要的決定」。

因此，接下來我想要帶著你，和我一起**寫下屬於你的「安全感語言」，用以安撫心中「習慣的罪惡感」**。

「建立安全感語言」練習

一、在內心想像一個會支持你的人，或是你心中的典範，在你做出想要的選擇時，對方會支持你、不批評你，或是，對方就是一個「不會委屈自己」的人。

這個對象，可以是願意支持你的家人、你的好友、你憧憬的對象，或是你的心理治療師／諮商師，甚至是你想像出更有力量、更強大的你自己（你想成為的人）。在內心描繪出他／她的形象，成為支持你的力量。

二、想像一下，如果是對方，知道你面對這個困境時，他／她會對你怎麼說？當你做出想要的決定時，他／她會怎麼支持你？

他／她會說：「你想要回家跟父母過年，這個要求一點都不過分。我支持你做出自己想要的選擇。」

三、**練習向自己複述，對方所說的「有力量語言」，且大聲地說出來**。

「我想要回家和父母過年，這個要求一點都不過分。我支持我做出我想要的選擇。」

如果你發現，你不太容易想像出「有力量的語言」，甚至可能在想像的過程中，就會出現「罪惡感」而打斷你的想像。

以下列出幾個有力量的語言，可以提供你參考、練習。

★我一直是很替別人著想的人，不會提出過分的要求。因此我**想滿足自己的期待，並不是自私，而是自重**。

★我重視我的感受與需求，我想要成為保護自己、尊重自己的人。

★我人生的目的，是為了滿足自己的需求，而非犧牲自己來滿足別人的需要。

★我不會強迫別人，犧牲自己來滿足我，因此我滿足、照顧好自己，是我人生重要的功課。

★滿足自己的需求並非自私，而是自愛、自我照顧。強迫別人按照自己的需求去做，這才叫做自私。

★**我要練習了解、保護與尊重自己的感受，因為除了我之外，沒有人能夠做到這件事**。

★我為了我自己，沒有對不起任何人。

或許你會擔心，如果給自己太多選擇，是否會變得很自以為是、自我感覺良好，甚至變得自私自利？

但實際上，會有「過度犧牲」困擾的你、我，其實還沒有學會「照顧自我需求」的技能。而在練習的過程中，跟以前比起來，面對他人的要求，我們可能有時會過度在乎自己的感受，或是仍會以對方的感受為主，這些拉扯都是正常的。當我們從未練習「拉出界限」，**我們就必須從這些練習當中，慢慢找到與這個世界互動，並且也能保有自我的方式**。

在「找回自己」的篇章中，我會陪伴你一起了解、找到自己，接納自己的感受，建立屬於你自己的界限。

那麼，**我們就更能做出「自己想要的選擇」，而這，其實就是「獲得幸福」最簡單的方式**。

若你很能取悅別人，我想問你：

你能不能把你自己，當成一個對你而言非常重要的人，並且取悅他／她？

當你開始願意多花一點時間照顧、取悅自己時，你會發現，你會越來越覺得自己很重要，也不再如此容易地放棄自己的需求，或是面對他人的要求時委屈自己。

你能夠照顧你自己，也能評估自己的能力與意願來決定要不要幫助別人，而不會因而覺得過度犧牲、委屈，以至於出現了許多「怨」，侵蝕自己，也侵蝕著與他人的關係。

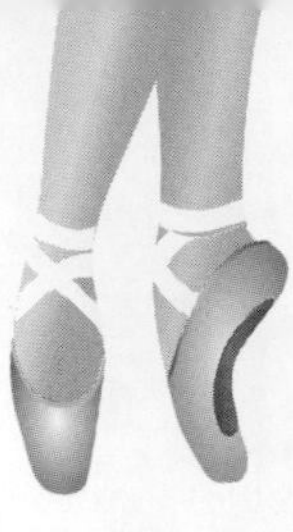

找回自己

獨處——練習和自己相處

我時常覺得空虛難過，沒有辦法一個人獨處，做任何事，都要找人與我一起。如果獨自一個人，我會覺得很可怕。

我看了很多書、上了很多課，都告訴我「要愛自己」。問題是，已經好久，我不知道我自己是什麼樣子。對著鏡子，我認不得我原本的樣子，也實在無法說出「我喜歡你」……那，我要怎麼「愛自己」？

在「文化纏足」的過程中，女性發展出一個又一個的「假我」、面具，包裝自己真實的感受與需求。

我們不得不藉由「扭曲自我」成為大眾希望的模樣，而乞求被接納、被肯定，以得到單薄的自我價值，卻也忘記自己真正的樣子。與人相處時，我們也時常以「偽裝的自我」互動，只求得到別人的喜愛。

電影《穿著Prada的惡魔》中，女主角在電影後段，對著鏡子刷睫毛，看著原本不化妝、不打扮的自己，變成了鏡子裡濃妝豔抹的樣子，她對著鏡子發怔：「這是我真正的樣子嗎？這是我想要的樣子嗎？」

當我們努力地取悅世界時，我們就會逐漸忘了自己。而獨處，是我們逐步「找回自己」的方式之一。獨處可以幫助我們重新認識自己，了解自己的特質，丟下我們對自己的幻想、別人對我們的期待。

當我們學會與自己相處，自己就成為自己的「強力夥伴」，可以幫助我們更理解、尊重自己的感受。**在面對「文化纏足」的強大壓力時，我們才有辦法站在自己這邊，成為自我的支持者，而不會幫著外面的世界壓迫自己。**

如果你時常想到別人、為別人犧牲奉獻、很需要被別人重視而害怕寂寞，練

習獨處可以幫助你從「取悅世界」，轉而「取悅你自己」。

當你因為別人不接納你的感覺、否定你的需求而受傷時，**獨處可以幫助你學會接納自己的感受與需求**。

你或許可以從獨處中獲得更多的勇氣與自信，面對你的害怕，重新擁抱你自己，而不會在孤獨時，立刻感受到被拋棄、不被需要、不被重視的恐懼。

獨處練習：泡澡時間／冥想時間／散步時間

每天給自己一段時間，讓自己練習獨處。

一開始，可以嘗試做「一個人才能做到的事」，例如泡澡、散步，或是試著做冥想放鬆練習。若你不是一個人住，當你想要獨處時，讓同住的人知道：「請不要打擾我。」

不論是泡澡、散步或是冥想，試著練習以下重點：

★將注意力放在自己身上，包含身體的感覺、內心的感受與意識。泡澡或冥想時，調整你的呼吸，感受到身體慢慢放鬆的感覺。

★在這過程中，帶著對自我的好奇與了解，聆聽自己的每個聲音。自我出現的所有感受跟想法，練習不批評、不否定，如他所是地接受：「這就是我現在的感受與想法，沒有好壞。這就是我的。」

★放空練習——若你在散步，有時可留意四周環境的變化：聲音、味道、景色。留意外在環境時，讓自己的思緒停在外在環境，而不需有太多想法。例如：「聽到車聲。」讓自己的思緒停在這個「狀態上」，而不需往下思考：「車聲好吵、好煩。」

泡澡的時候，若你對精油不排斥，也可以使用一些精油，並且觀察自己使用精油後身體的感受，是否覺得舒適、喜歡？還是覺得刺激、排斥……以這個感受為標準，慢慢將「泡澡時間」的周遭環境調整成你最喜歡、最舒適的樣子。

獨處練習：寫日記

獨處的時候，我們會有許多和自己對話的時間。

當面對自我時，或許會有許多情緒跑出來，紛亂不堪。初時，甚至可能會讓我們無法承受。每一、兩天給自己一段時間，和自己對話，並且自由書寫此時在你腦海中的想法或內心的感受。

你所壓抑的情緒、需求、感受……會在這些書寫中慢慢越來越清晰，自我的真正面貌，也會慢慢浮現。

若你發現你不太了解自己的喜好與感受，寫日記也可以幫助你更了解自己的情緒。

若我們對自己的情緒不了解，就很難清楚自己的喜好、需求，甚至是夢想，如此，我們很可能就會錯把別人的期待與夢想，當成自己的。因此，書寫情緒日記是幫助你非常好的方式。

接下來，我會和你一起，試著寫下你的「情緒日記」，讓你能夠更了解自己真實的感受。

觸碰你的真實情感與需求——寫情緒日記

找一個不會被干擾、可以獨處的時間與空間。若有機會，甚至可以將家裡的某一個角落，布置成專屬於你的「療癒小空間」。

這個空間裡，有一些能夠療癒你，讓你放鬆並覺得舒服的物品，你可以被這些美好東西所圍繞，陪伴你開始這個練習。

開始前，做幾個深呼吸，將注意力專注在你自己上，放鬆你的身體，放空你的思緒。

或許，你開始出現一些感受，輕輕地停在這裡，**不批判地認識這個感受**，然後開始書寫，試著問自己以下幾個問題：

1這是什麼感受？我會怎麼形容它？——標記你的情緒。

2什麼時候，我會出現這些情緒？

我會聯想到過去什麼經驗？

一發生這件事時，我對自己說什麼？

出現情緒後，我會對自己說什麼？

出現情緒後，我會怎麼反應？

我是否有其他選擇？

理解、接納你的各面向與情緒，學著當自己理想的父母

有時我們會很害怕碰觸自己的情緒，因為擔心情緒又大又猛，會讓我們變得很「失控」。

但**情緒其實是個「很需要被注意的孩子」**，練習認識自己的情緒，並且標記它，反而會使得情緒被看到、被理解而不至於失控。

深入了解：自己的這個情緒最常在什麼情況出現，以及出現時，自己對待它的方式。

這可以讓你看到你和內心這個「情緒小孩」互動的方式，是否可能複製了過往其他大人與你互動的方式？而當你否定、批評或壓抑「情緒小孩」時，是否就像其他大人、父母對你做的事。

重新檢視你和自己情緒的互動方式，試著用「了解」、「接納」的方式靠近它。溫柔地對待它，而非以「壓抑」、「批評」或「厭惡」的方式對待。這種溫柔，或許是你從來沒有得到過的，卻也是你期待父母能夠對待你的方式。

試著重新擔任自己理想的父母，讓你可以重新感受到被愛、被尊重，以及被無條件接納的感覺。

傾聽內心真正的聲音，建立自己的標準

當你開始學會辨識外在的雜音，以及自己真正的感受時，你會慢慢聽到你內心真正的聲音與需求。

當你開始聽得到自己的聲音，並且對於外在的標準有所懷疑時，可能會有一段時間，你有點無所適從，不知道應該按照什麼標準去做決定。在我們重新檢視

外在標準如何影響我們，甚至決定不因而所囿時，我們需要重新建立自己的標準，作為自己生活的準則。

建立自己的標準，最重要的關鍵之一，是「認識你自己」。

當我們越了解自己，越了解什麼是我們的「核心價值」，也越能「建立屬於我們自己的標準」。

自我認識練習

一、認識自己的特質：

1用二十個以上的詞語來描述你自己。

例如：勇敢的、積極的、懶散的、憂鬱的……

2分類出你喜歡的，與你不喜歡的特質，並且問問自己，為什麼？

3仔細思考，這些特質會在什麼時候出現？分辨這些特質的「功能」。即使是你不喜歡的特質，它是不是也有一些功能，在某些時候對你是有幫助的？

二、你「喜歡」的是什麼？「不喜歡」的是什麼？並且試著問問自己：「為什麼？這會讓我聯想到什麼嗎？」

這部分的主題，包含工作、物品、活動、興趣、食物、場合、地點……各種面向都可以詢問自己。

如此，你可以對自己有更多面向的理解。

三、你覺得別人是怎麼看你的？

在這個主題裡，你可以先試著寫下自己認為「別人是怎麼看我的」，然後詢問三個以上你的好友、家人、同事……請他們寫下對你的看法。

試著對照一下你所以為的，以及別人所觀察的，以及當你角色不同時，與你互動的人，是否對你也有完全不同的看法？

四、做什麼事情時，你覺得快樂與放鬆？

試著盡量列出會讓你覺得快樂與放鬆的事情，若你發現自己在這部分有些困難，列不出來時，請試著去創造一些，或是詢問身邊的人：「你做什麼事情會覺

得快樂、放鬆？」作為你「自我照顧的資料庫」。

承認你的陰暗面：那些你不喜歡自己的部分，是你的力量

當你開始練習碰觸自己的情緒後，如果你發現自己是個「高敏感人」，會讓你不舒服，或在意的事情特別多，或是你發現自己其實很常生氣，常常覺得被虧待……**你或許從認識自己的過程中，看到了「現實自我」與「理想自我」的差距，你覺得焦慮、不喜歡，甚至很想要否認……這些過程都是正常的。**

實際上，當你練習寫出屬於自己的形容詞，注意你圈選那些「不喜歡」的特質，仔細想想，它們在某些時候，對你一定有所幫助，甚至給你很大的力量。

練習承認你的陰暗面，好好認識你真正的樣子，然後，學著欣賞它。它必然會給你回報。

學著照顧、取悅你自己

在「自我認識」的練習中，我鼓勵你可以寫下「做什麼事能讓你覺得放鬆、快樂」。若你發現你在這方面對自己的了解不多，可以詢問身邊的人，增加自己的「自我取悅資料庫」。

不過，若你很能取悅別人，我想詢問你：

你能不能把你自己，當成一個對你而言非常重要的人，並且取悅他／她？

當你開始願意多花一點時間照顧、取悅自己時，你會發現，你會越來越覺得自己很重要，也不再如此容易地放棄自己的需求，或是面對他人的要求時委屈自己。

你能夠照顧你自己，也能評估自己的能力與意願來決定要不要幫助別人，而不會因而覺得過度犧牲、委屈，以至於出現了許多「怨」，侵蝕自己，也侵蝕著與他人的關係。

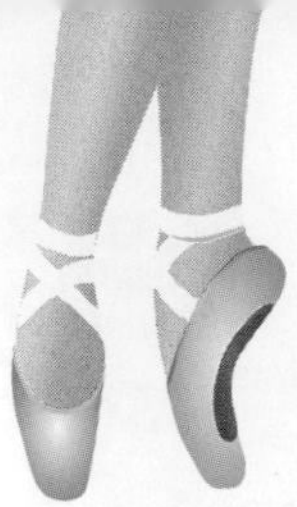

用真正的自己，與他人培養平等關係

練習表達自我：奠定「真實自己」的關鍵

認識你的情緒與練習表達：奠定自我的關鍵

當你越來越認識自己的情緒與特質時，**你或許會發現，你時常使用一些方式來掩蓋你真正的感受，如挫折、受傷、憤怒、嫉妒……**很多女性從小就被要求「避免衝突」、「在乎別人感受」，因此，讓你覺得自己不夠好的「負面情緒」就會被掩蓋起來。所以，在認識自己的情緒與感受後，**「向他人表達自我」就成為奠定自我，讓世界重新認識你的重要關鍵。**

練習不批判自己

開始練習「表達自己」之前，你可能會遭遇到一個困難：「這樣別人會不會覺得我很難相處／很奇怪／很自私／很自以為是」……這些聲音，都是你的自我批判。

如果你聽到這個聲音，請記起我們前面的練習，請把它當成「外在的雜音」，然後你可以：

★停止這些聲音，練習不批判自己。

★告訴自己：或許別人會不習慣我的表達方式，但我可以先嘗試做做看，從中學習、了解「怎麼表達可以讓別人懂我，甚至獲得互相調整的雙贏結果」。

或許一開始我不一定能做得很好，甚至可能會出些錯，但是我相信我是可以調整的，而且如果我不練習，我永遠都說不出口。

同理自我與他人，並設立情緒界限

當你開始認識自己的各個面向，包含感受、想法、需求……並且想要練習表達時，或許你對於這個「新的」、「真實的」自己，不是非常習慣。

甚至有時候，或許你會因為過往被壓迫、受傷的經驗，使得你現在對於他人的互動，很容易變得敏感，甚至很容易覺得別人想要侵犯你、看不起你。

你可能會發現，打開「感覺」之後，這個世界的刺激很多，你變得很敏感。你可能會變得有點刺蝟，或是有點退縮。

在這個階段裡，最容易干擾我們的，是「我不確定我的感覺對不對」。究竟是對方真的侵犯了我、不尊重我，還是我過度敏感？

如果你發現有這個困擾，我建議你可以嘗試以下步驟：

★停

當你與他人互動出現不舒服的感覺時，先不要馬上反應，但也不要壓抑你的情緒，你可以先找個理由，離開現場。

但不要立刻按照對方的期待或需求去做，也先不要立刻覺得對方是惡意侵犯。

★看

同理自己

找一個空間，讓自己有機會檢視一下剛剛發生的事情：

「我覺得剛剛他說的話／對待我的方式讓我不舒服，是因為這個舉動真的不尊重／壓迫／傷害我，還是因為他的舉動讓我想起曾經讓我不舒服的感受？或是，是否我對他的舉動做了太多的解釋？」

如果你發現你很難做分辨，你可以想想：「如果今天是朋友告訴我，他／她遇到這件事，我是否也會覺得這很不妥？也會有類似的感受？」

或者，你也可以考慮與朋友、身邊的人討論這樣的事情，觀察他們的反應，你自己的感覺會更加明確。

當然，你的感覺沒有任何人可以替代。但在詢問他人的過程，你可以深入去

問「他有這種感覺的原因是什麼」，也會幫助你理解自己出現這種感覺的原因，而更清楚這個感受是否其來有自。

試著去理解自己的感覺與緣由，練習對自己說出感受而不批判，接受「我的感受就是如此，雖然我還不知道合不合理」。

你會發現原本高漲的情緒，可能會因此越來越下降，而你仍然知道你的感受是什麼，並未壓抑。

當我們越了解，並且不批判地接納自己的情緒與感受，就越不容易失控。我們也更能夠碰觸自己的情緒，不再如此害怕失控。

同理他人

當你了解自己的情緒，也接受了，你會比較有能力去換個角度，理解他人的感受與舉動代表的意義。有些人對於別人的感受或痛苦，會覺得被冒犯，甚至覺得憤怒、生氣。

如果你會有這種感覺，你可以問問自己：

「是不是我覺得自己更痛苦、更難受，但是我都沒有表達，所以才覺得，為什麼這些人可以這麼任性地表達自己，要我配合他？」

實際上，當你不能接受自己的痛苦，而認為自己「應該」要做到些什麼時，面對可以跟你有「不同選擇」的人，你會覺得不公平而憤怒。

因此，前面「同理自己」的步驟是非常重要的：**因為一旦你無法了解自己的痛苦，你就不能同理別人的痛苦**。

當別人表達出自己的感受或情緒，而你時常覺得「應該」要回應、要滿足對方時，對於別人的感受與情緒，你很可能就會覺得生氣、被束縛。

提醒自己並沒有「非得要回應或滿足對方不可」。學著先讓自己停一下，了解自己「願意」、「想要」回應多少，並且讓自己「有意識地選擇」。

決定想要回應的部分，是我們學著尊重自己的意願、重獲人生掌控權的重要關鍵。

★應

當你發現這個感覺的確是因為對方做的行為侵犯了你，那麼「如何向對方表達你感覺到的不舒服」，就是你可以重新思考、練習的部分。

若你發現，其實對方的行為並不過分，只是因為他之前做過讓你不舒服的事情，或者是你以前遇過類似不舒服的事，使得你「一朝被蛇咬，十年怕草繩」，這時候，**練習分辨這是「現在的感覺」或是「過去的感覺」就非常重要**。如此，你的憤怒、反應才不會過度，而造成彼此關係中的傷害。

在這個部分，或許你會覺得，要分辨「是過去的感覺，還是當下的感覺」有些困難，尤其是當兩者交纏在一起時。若真的有困難，我建議可以尋求適合的心理師，協助你辨識內心的感受，並且療癒過往「被蛇咬」的創傷。

若你面對他人的感受與需求，經過了「看」的步驟，覺得自己「想要」有限的回應，你可以試著做看看。

若現在的你「不想要回應」，也請練習說出自己的困難，並且拒絕對方。

上述「停、看、應」的步驟很需要長時間的練習、調整，請多給自己一些時間。

當自己暫時沒辦法做到時，也請不要太過嚴苛地責備自己，因為「腦袋都知道，但內心做不到」是我們最常遭遇的困難。**那些過往沒被安撫、療癒的情緒，會**

在壓力狀態下跑出來幫我們做決定，甚至讓我們下意識地做出與過往相同的選擇，這都是非常正常的。

練習越來越了解自己，給自己一些勇氣，先從「尊重自己的意願」開始，一點一滴地調整。

當你感受到自己的變化時，也請給自己一點鼓勵，這是你努力面對自己所得來的成果。

設立情緒界限（註）

「設立情緒界限」是脫離過度犧牲、「文化纏足」的重要步驟。有些女性會不自覺地按照別人的需求去做，或是很容易接收到他人的感受與需求而無法忽略。上述「停、看、應」的步驟，其實就是設立情緒界限的執行方法。

此外，在面對他人的情緒與需求時，若你發現自己的「情緒界限」較為模糊，很容易被他人的感受與行為侵入，你又無法放著不管時，你可以提醒自己兩

件事：

★不要解讀對方的言外之意

有些人習慣不說出自己真正的感受與需求，但卻會用很多迂迴的方式，讓我們產生「罪惡感」。

例如：「我覺得自己身體好不舒服，子女都不理我。」或是「現在的年輕人都這麼不負責任。」「現在當媳婦都很好命。」……試著不要去解讀對方說這些話的目的，而就字面上解釋：「他／她的想法、感覺是這樣，我尊重他／她。」並且**告訴自己：「只要他／她沒有清楚地說出感受與需求，我就當作聽不懂。」**

當你開始這麼做時，你會發現自己的情緒不再如此容易跟著對方起舞，對方也不再如此容易控制你，你對自我的感受也會變得更好。

★我為我的情緒與行為負責，但不為對方的（註）

情緒界限的模糊與否，與自我的強度有關。若你的自我價值越高，對事情有自己的一套標準，不容易受他人的評價影響，你的情緒界限相對也會比較清楚。

上述所有的練習，其實都在強化我們的自我價值，而**這句話，是你的護身符：**

「我為我的情緒與行為負責，但不為你的。」

若身邊的人有一些情緒與感受，你願意替對方著想、同理對方，那是因為你對他的愛，但這不是「應該的」。

你最重要的任務，是照顧好自己的感受與需求。當你有多餘的能力時，你可以自己做選擇，要把這些力氣花在哪些你愛的人身上，而你可以在這過程中，感受你對他人的愛。

此外，**面對有時被人錯待而不舒服的情況，試著了解：「他會這麼對我，可能是他習慣的方式，而非我做錯了什麼。」**

有時我們遇到某些人，喜歡把自己的情緒、需求往別人身上丟，甚至時常認為「你不滿足我的需求，就是你的錯」時，我們需要練習辨識這樣的人。

辨識他的指責「背後的目的是什麼」，而非下意識地將所有錯誤怪在自己身上。

成為一個能夠愛自己，也能愛別人的人，是在這些互動過程中，越來越清楚「我是有選擇的」，不誤把太多攻擊與情緒勒索當成「自己做不好」的證明，使得自己痛苦不堪。

若我們不能練習做這樣的分辨，不能理解有些人「會這麼對我，是因為他本來就是這樣的人，而不是因為我做錯了什麼」，我們會受困在這樣的循環裡。

這可能會讓我們自我懷疑，對自己失去信心，甚至覺得自己很糟糕，也可能會讓我們過度自我保護，認為這個世界都是危險、會傷害我的，而面對所有人都變得淡淡的，不與他人連結，只為了保護自己不要受傷。

練習「不把別人的問題，當成自己的問題」，人生會開闊很多。

保有自我獨立的生活：經濟、心理獨立

經濟獨立的重要性

有些女性，在經濟上非常獨立，但在心理與感情上，很需要他人的肯定與支持，若自己的感受與想法沒有受到他人的肯定，就會自我懷疑。

有些女性，則是因為經濟無法獨立，身邊的人甚至認為「沒有經濟能力的

你，是沒有價值的」，使得這些女性努力奉獻，卻沒有得到相對應的尊重與支持。

實際上，一個人在社會中從小到大的訓練，都是為了要我們照顧好自己的需求，所以我們學會吃飯、睡覺、洗澡，可以賺錢養活自己，安排自己的生活……若你發現自己大部分的時間都在「替別人滿足需求」，那麼你需要將注意力放回到自己身上，試著「獨立照顧自己的生活」。

當你開始行動時，你可能會發現：「原來，我可以照顧好自己，不需要依賴他人。」這個發現，是你獨立的重要關鍵之一，而**「經濟獨立」，正是能幫助你獨立的關鍵行動之一**。

心理獨立：你可以有自己的想法與感受

若你習慣讓別人定義，甚至決定你的生活與感受，告訴你「這樣是對的，那樣是錯的」，你當然會很難有自信，也很難相信自己可以不用依靠他人而獨立生活。

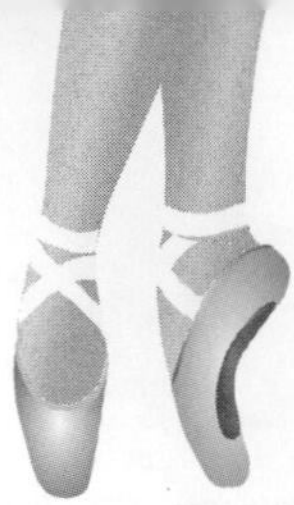

你必須要重新學會尊重你自己：這是你的感受、你的需求；你的傷害，沒有人能假設，也沒有人可以定義。

沒有人可以跟你說：「這樣還好吧，你又沒有真的被怎樣，得饒人處且饒人吧！」即使他是你最愛的親人。因為實際上，被這樣對待的人是你，那些傷痛，只有你自己最清楚；也只有你自己，可以為自己的感受、為自己的受傷做一些事情，好好保護自己。

在自我的改變過程中，有很多時候，你的改變就外人看來，或許只有一點點，甚至完全觀察不到，但**你內心了解，自己有一些東西變得跟以前不一樣了。我都把這個過程稱為「肚臍眼的勝利」**——因為自己才知道。

有趣的是，當我們越來越了解自己真實的樣子，也越來越尊重自己時，這其實就是一種「肚臍眼的勝利」，甚至身邊的人不見得覺得舒服。

因為以前你什麼都說好，而現在你會拒絕了，有自己的意見與想法了。別人的需求不再被滿足，他當然就不見得愉快了。

這其實幾乎可說是一個「個體化」的過程，也就是你個人尋求獨立的過程。

或許要與他人「斬斷臍帶」、「拿下裹腳布，重新用腳站立」的過程，是疼痛不堪的，但**你內心難以替代的滿足與快樂，將會是你為了自己改變的最大禮物**。

註：「情緒界限」與「我為我的情緒與行為負責，但不為你的」兩個概念，最早由曹中瑋老師提出。請參考由曹中瑋老師所撰寫的《當下，與情緒相遇》以及《當下，與你真誠相遇》。

寫於最後的——

鼓起勇氣，拿下綑綁我們的裹腳布

讀到這裡，或許你慢慢釐清了，「纏住你人生的裹腳布」究竟長什麼樣子，也或許，當你看到這個裹腳布的樣貌，看到它纏了你多久、影響多大時，你對別人生氣，也對自己生氣。甚至，你可能對於自己無法擺脫這些「裹腳布」而覺得無力、無助。

在這裡，**我想要讓你知道：這些裹腳布之所以綑在你的身上，不論是因為別人，或是因為自己，當這成為「社會約定俗成的一環」時，就會有許多的潛移默化**

與難以察覺，也會有許多的無可奈何與不得已。若你開始，願意去面對這個裹腳布，並且聆聽你內心的聲音時，你已經比你想像的還要努力、還要勇敢。

拿下裹腳布的你，可能沒辦法那麼快獨立，也可能會因為剛開始覺得很痛而想要放棄。

不論如何，在重新找回自己真正樣貌的過程中，**我非常希望你可以成為自己的好朋友、好夥伴，給自己一些鼓勵、一些理解**。一些你總是捨得給別人，但不捨得給自己的「心疼與支持」。

我希望你可以對自己說：

「一路走來，我一直都很努力。我做得很好，我辛苦了。接下來，我想要學會好好照顧自己，相信自己，我想要對自己好一些。因為，我真的值得。」

因為，你真的值得。

讓我們一起在這條路上，互相扶持，互相提醒不委屈、好好照顧自己。

一起，深深愛著我自己，愛著這個陪伴我最久的，從沒有放棄我、拋棄我的人。

國家圖書館預行編目資料

他們都說妳「應該」：好女孩與好女人的疼痛養成／周慕姿著. ——初版. ——臺北市；寶瓶文化, 2019. 07
面； 公分, ——（Vision；180）
ISBN 978-986-406-163-1（平裝）
1. 自我肯定 2. 女性
177.2 108011169

Vision 180

他們都說妳「應該」——好女孩與好女人的疼痛養成

作者／周慕姿 心理師
副總編輯／張純玲

發行人／張寶琴
社長兼總編輯／朱亞君
資深編輯／丁慧瑋　編輯／林婕伃
美術主編／林慧雯
校對／張純玲・林婕伃・陳佩伶・周慕姿
營銷部主任／林歆婕　業務專員／林裕翔　企劃專員／李祉萱
財務／歐素琪・莊玉萍
出版者／寶瓶文化事業股份有限公司
地址／台北市110信義區基隆路一段180號8樓
電話／(02) 27494988　傳真／(02) 27495072
郵政劃撥／19446403　寶瓶文化事業股份有限公司
印刷廠／世和印製企業有限公司
總經銷／大和書報圖書股份有限公司　電話／(02) 89902588
地址／新北市新莊區五工五路2號　傳真／(02) 22997900
E-mail／aquarius@udngroup.com

法律顧問／理律法律事務所陳長文律師、蔣大中律師
如有破損或裝訂錯誤，請寄回本公司更換
著作完成日期／二〇一九年五月
初版一刷日期／二〇一九年七月二十四日
初版九刷日期／二〇二二年六月九日
ISBN／978-986-406-163-1
定價／三四〇元

AQUARIUS 寶瓶 文化事業

愛書人卡

感謝您熱心的為我們填寫，
對您的意見，我們會認真的加以參考，
希望寶瓶文化推出的每一本書，都能得到您的肯定與永遠的支持。

系列：Vision 180 **書名：他們都說妳「應該」——好女孩與好女人的疼痛養成**

1. 姓名：____________ 性別：□男 □女
2. 生日：____年____月____日
3. 教育程度：□大學以上 □大學 □專科 □高中、高職 □高中職以下
4. 職業：____________
5. 聯絡地址：____________________
   聯絡電話：____________ 手機：____________
6. E-mail信箱：____________________
   □同意 □不同意 免費獲得寶瓶文化叢書訊息
7. 購買日期：____ 年 ____ 月 ____日
8. 您得知本書的管道：□報紙／雜誌 □電視／電台 □親友介紹 □逛書店 □網路
   □傳單／海報 □廣告 □其他
9. 您在哪裡買到本書：□書店，店名________ □劃撥 □現場活動 □贈書
   □網路購書，網站名稱：____________ □其他________
10. 對本書的建議：（請填代號 1.滿意 2.尚可 3.再改進，請提供意見）
    內容：____________
    封面：____________
    編排：____________
    其他：____________
    綜合意見：____________________
11. 希望我們未來出版哪一類的書籍：____________________

讓文字與書寫的聲音大鳴大放

寶瓶文化事業股份有限公司

（請沿此虛線剪下）

廣 告 回 函
北區郵政管理局登記
證北台字15345號
免貼郵票

寶瓶文化事業股份有限公司收

110台北市信義區基隆路一段180號8樓

8F,180 KEELUNG RD.,SEC.1,

TAIPEI.(110)TAIWAN R.O.C.

（請沿虛線對折後寄回，或傳真至02-27495072。謝謝）